© Verlag Zabert Sandmann GmbH
München
1. Auflage 1998
ISBN 3-932023-11-0

Redaktion: Angelika Ilies, Gertrud Köhn, Hans-Peter Herrmann

Fotografie: Christian R. Schulz, Alexander Haselhoff

Wissenschaftliche Beratung: Institut für Sporternährung e.V., Bad Nauheim, Günter Wagner, Eva Bader

Umschlaggestaltung: Ludwig Kaiser, Georg Feigl

Grafische Gestaltung: Georg Feigl, Ludwig Kaiser

Computergrafik: Markus Weißenhorn

Herstellung: Peter Karg-Cordes

Lithografie: inteca Media Service GmbH, Rosenheim

Druck: Mohndruck, Gütersloh

Mit freundlicher Unterstützung des Deutschen Fußball-Bundes

Fritz Westermann

DIE GROSSE FUSSBALL FITNESS-KÜCHE

ZABERT SANDMANN

Inhalt

Hier können alle Fans der Nationalmannschaft in den Kochtopf gucken

Wenn sich unsere Nationalmannschaft auf Länderspiele vorbereitet, stehen natürlich die eingeladenen Spieler und Trainer im Mittelpunkt. Training und Spiel werden mit Argusaugen von den Medien beobachtet, jede noch so geringfügige Kleinigkeit ist oft eine große Meldung wert. Dabei wechseln die Schauplätze in Windeseile. Was früher fast eine Weltreise war, ist heutzutage ein Intermezzo. Heute München oder Dortmund, morgen schon Madrid oder Mailand und übermorgen wieder Köln, Stuttgart oder Leverkusen. So sieht der Fahrplan der besten Fußballer oft aus.

Da die körperlichen Anforderungen für das eigentliche Spiel gewachsen sind, die ständigen Reisestrapazen aber noch erschwerend hinzukommen, muß um so größerer Wert auf optimale Betreuung gelegt werden. Deshalb gehört neben drei Ärzten, drei Physiotherapeuten, zwei Zeugwarten sowie Fachleuten für die Administration und die Medien auch stets ein Küchenmeister zu unserem Team. Und zwar ganz unabhängig davon, ob die Spiele in Deutschland oder im Ausland angesetzt sind.

Seine Aufgabe ist es, mit der jeweiligen Hotelküche den genauen Speiseplan abzustimmen und darüber hinaus auch den Service. Dies bedeutet nicht, daß unsere Nationalspieler überall auf der Welt das gleiche Essen bekommen. Spezialitäten des jeweiligen Landes werden selbstverständlich auf den Speiseplan gesetzt. Somit ist das Essen stets sportgerecht und abwechslungsreich zugleich.

EGIDIUS BRAUN

Schon seit 1985 hat der DFB diese wichtige Aufgabe Fritz Westermann übertragen. Gerne bescheinige ich ihm an dieser Stelle, daß er unter oft schwierigen Umständen seinen Part hervorragend bewältigt hat. Ob in Mexiko oder Albanien und Moldawien, ob bei der Weltmeisterschaft in Italien oder bei der Europameisterschaft in England. Die „Westermann-Küche“ servierte ebenso schmackhaft wie pünktlich und war zudem noch bereit, so manchen Sonderwunsch zu erfüllen.

Die Idee, den reichen Erfahrungsschatz des Küchenmeisters zum Inhalt eines Buches zu machen, habe ich sehr gerne unterstützt. Rechtzeitig vor der Weltmeisterschaft 1998 in Frankreich können die Fans auf diese Weise der Nationalmannschaft in den Kochtopf gucken und erhalten dabei sicher einige wertvolle Tips. Viel Vergnügen beim Studium des Buches und vor allem beim Ausprobieren der Rezepte!

Egidius Braun
Präsident des Deutschen Fußball-Bundes

Früher trieben mir schöne Spargelsüppchen fast die Tränen in die Augen

In jungen Jahren war ich schmal und hager. Es war, wie man so schön sagt, nichts an mir dran. Gewichtssorgen – das war für mich ein Fremdwort. Und ich mußte 30 Jahre alt werden, um zum ersten Mal die Waage allzu stark zu drücken. Bis dahin hatte ich nichts von Diät gewußt und vom Fasten nicht viel gehalten. Später habe ich erfahren, daß man nicht fasten muß, um sein Gewicht zu halten oder zu reduzieren. Man muß sich nur beherrschen.

Ich war ein leidenschaftlicher Suppenesser, und die Soßen konnten gar nicht „lang" genug sein. Wenn ich manchmal nachts um 24 Uhr heimkam, dann habe ich mir aus dem Kühlschrank den Topf mit der Soße geholt und sie warm gemacht.

Wie gesagt, mit 30 hatte ich zum erstenmal Gewichtsschwierigkeiten. Mit 33 ging mein Gewicht rapide aufwärts. Eines war mir damals klar: Ich mußte meine Ernährung irgendwie umstellen. Suppen kamen bei mir nicht mehr auf den Tisch. Die schönen Spargelsüppchen beim Bankett trieben mir fast die Tränen in die Augen. Kartoffeln wurden ebenfalls kleingeschrieben. Und Soßen durften nur noch natur gereicht, aber nicht mehr verlängert werden. Auch Schweinefleisch fiel unter die „Blockade". Statt dessen stellte ich mich ganz auf Kalb- und Rindfleisch um. Dazu Obst und viele Salate.

FRITZ WALTER

SEPP HERBERGER

Die Nationalmannschaft kam mir auf diesem Gebiet entgegen. Denn dort waren Suppen und Kartoffeln Mangelware. Solange Sepp Herberger den Speisezettel bestimmte, gab es viel Obst, Salate, Rindfleisch (oder Kalb), Gemüse, wie Spinat etc.

Im Jahr der Weltmeisterschaft 1954 war ich 33 Jahre alt. In einem Alter also, in dem man schon einiges tun muß, um körperlich vollkommen fit zu sein. Morgens nahm ich ein bis zwei Orangen, eine halbe Zitrone, die zu einem Fruchtsaft „natur" ausgepreßt wurden. Dazu Tee mit Bienenhonig und viel Quark. Das Mittagessen bestand aus einer anständigen Fleischportion, aus Salaten und Gemüse. Das Abendessen nahm ich sehr früh ein, möglichst nicht nach 18 Uhr. Das Gulaschsüppchen oder die Hühnerbrühe mußte ich mir schenken. Zwischen 21 und 22 Uhr erlaubte ich mir höchstens noch etwas Obstsalat, einen Apfel oder eine Birne. Soweit meine Ernährung als Hochleistungssportler.

Im vorliegenden Buch werden wertvolle Tips zur richtigen Ernährung gegeben, die die Sportler, insbesondere Fußballer, beherzigen sollten.

Ehrenspielführer Fritz Walter

Sportgerechte Ernährung kann auch ganz wunderbar schmecken

UWE SEELER

Anfang 1998 habe ich das Bundesligateam des Hamburger SV ins Trainingslager nach Sizilien begleitet. Da habe ich innerhalb von einer Woche wahrscheinlich mehr Kohlenhydrate zu mir genommen als sonst im ganzen Jahr, denn die Speisenfolge war natürlich ganz auf Hochleistungssportler abgestellt. Eine Maßnahme, die absolut richtig ist, die heutzutage kein Topathlet mehr ignorieren darf.

Zu meiner aktiven Zeit war das natürlich alles ganz anders. Damals wurde gegessen, was schmeckte. In meinem persönlichen Falle waren dies vorwiegend Fleischgerichte und Salate. Bei der Dosierung habe ich mich immer auf mein eigenes Gefühl verlassen. Ich habe nur immer sehr streng darauf geachtet, rechtzeitig zu essen, im Regelfall etwa vier Stunden vor dem Anpfiff, um nur ja nicht mit einem vollen Magen ins Spiel zu gehen. Mit dieser Eigenmethode bin ich ganz gut gefahren. Ob diese Methode allerdings richtig war, hat niemand überprüft oder überwacht, weil in den 50er und 60er Jahren über sportgerechte Ernährung praktisch gar nicht geredet wurde.

Daß heutzutage auch in diesem Bereich wissenschaftlich fundierte Erkenntnisse mit aller Konsequenz umzusetzen sind, müßte für jeden Bundesliga-Profi eigentlich eine Selbstverständlichkeit sein. Ich habe jedoch festgestellt, daß vor allem jüngere Spieler mit dieser Thematik noch etwas nachlässig umgehen. Ganz nach dem Motto: So wichtig wird die Zusammenstellung des Essens schon nicht sein! Doch wenn man sich vergegenwärtigt, daß bei der heutigen Ausgeglichenheit in der Leistungsspitze oft nur wenige Prozente den Ausschlag über Sieg oder Niederlage geben können, muß eine solche Einstellung der Vergangenheit angehören.

Das vorliegende Buch liefert mit Sicherheit wertvolle Beiträge in die richtige Richtung. Die Kochkünste von Fritz Westermann habe ich bei der Europameisterschaft 1996 in England genossen. Ich gehörte der offiziellen DFB-Delegation an und kam somit zu der schönen Erkenntnis, daß sportgerechte Ernährung auch wunderbar schmecken kann. Verschweigen will ich allerdings nicht, daß uns der rührige Küchenmeister auch den einen oder anderen Sonderwunsch erfüllte. Ich habe mich aber während des ganzen Aufenthalts topfit gefühlt. Dank Fritz Westermann war ich bestens präpariert.

Ich bin der Meinung, daß es eine hervorragende Idee ist, zur sportgerechten, sinnvollen Ernährung gerade im WM-Jahr 1998 ein Buch herauszubringen.

Ehrenspielführer Uwe Seeler

Zu meiner Zeit tobte sogar mal ein Spaghetti-Krieg

Wenn ich an Fritz Westermann und sein vorzügliches Kochen für die deutsche Nationalmannschaft denke, fallen mir zwei Anekdoten ein. 1985 gab Fritz seinen Einstand bei einer Länderspielreise nach Mexiko. Wir waren in einem ziemlich miesen Hotel in der Zona Rosa in Mexico City untergebracht. Bevor überhaupt an die Vorbereitung von Speisen zu denken war, mußten erst einmal die Küche geschrubbt, Töpfe gespült und Kakerlaken vertrieben werden. Vor den mitgereisten Pressevertretern schilderte der Neuling unserer Betreuercrew sein hartes Los. Wir haben alle herzlich gelacht, obwohl die Lage wirklich ernst war.

Denn als einige Spieler trotz unserer ausdrücklichen Warnung das Hotel verließen und in nahe gelegenen Restaurants einige Kleinigkeiten aßen und eisgekühlte Getränke zu sich nahmen, holten sie sich prompt „Montezumas Rache", jene berühmt-berüchtigte Magen-Darm-Erkrankung, die Touristen sehr gerne befällt. Prompt haben wir im Sommer 1985 zwei Spiele im Aztekenstadion gegen Mexiko und England verloren. Doch als wir ein Jahr später zur Weltmeisterschaft zurückkehrten, hatten wir unsere Lehren gezogen. Kein einziger Spieler erkrankte, weil jeder sich – eingedenk der durchschlagenden Erfahrung – an unseren Speiseplan hielt.

Weltmeisterschaft 1990 in Italien: Diese WM werde ich nie vergessen, weil sie vom ersten bis zum letzten Tag wunderbar war, wir vor allem in unserer Equipe eine tolle Harmonie hatten. Doch in der letzten Woche bekamen sich Fritz Westermann und unser damaliger Internist Heinz Liesen in die Haare, weil die Butterbrote, die unsere Spieler auf den Fahrten nach Mailand ins Quartier nach Erba zu sich nahmen,

FRANZ BECKENBAUER

entweder zu dick oder zu dünn belegt waren – ich weiß es selbst nicht mehr so genau.

Da ansonsten Ruhe herrschte in unserem Quartier, die Journalisten also zu wenig Material hatten, entwickelte sich in großen Lettern der deutsche „Spaghetti-Krieg". Sogar von der „Spaghetti-Krise" war die Rede, und Fritz Westermann tauchte auf der Titelseite einiger Zeitungen auf.

Nach meinem Abschied als Teamchef habe ich natürlich immer Kontakt zur Nationalmannschaft gehalten, besonders zum Betreuerstab und hier auch zu Fritz Westermann. Für ihn freut es mich, daß das vorliegende Buch zustande gekommen ist. Möglichst viele sollten es lesen.

Ehrenspielführer Franz Beckenbauer

Auch im Fußball müssen Energiebilanz und Nährstoffrelation stimmen

WILFRIED KINDERMANN

Es mag zwar banal klingen – aber es stimmt. Und deshalb kann nicht oft genug wiederholt werden: Richtige Ernährung fördert Gesundheit und Leistungsfähigkeit. Zahlreiche wissenschaftliche Studien einschließlich sportmedizinischer Untersuchungen belegen die Empfehlung, nährstoffdichte und kohlenhydratreiche Lebensmittel wie Brot, Kartoffeln, Nudeln oder Reis bevorzugt zu verzehren und besonders fetthaltige Nahrungsmittel wie Fleisch, Wurst, fettreiche Milchprodukte oder Backwaren einzuschränken. Die Mischkost gilt als gesündeste Form der Ernährung, da auf diese Weise am ehesten alle notwendigen Nährstoffe angeboten und Mangelerscheinungen verhindert werden können. Sportgerechte Ernährung sollte aber vernünftig erfolgen und darf nicht ideologisch überfrachtet werden. Die mit einer gesunden Ernährung verknüpfte Erwartungshaltung sollte sich an Fakten und objektiven Daten orientieren und nicht Hoffnungen wecken, die lediglich auf Spekulationen beruhen.

Auch für den Sportler sollten Essen und Trinken mehr bedeuten als bloße Nahrungsaufnahme. Ein bißchen Eßkultur darf es durchaus sein; wer mit Genuß ißt, fördert sein Wohlbefinden. Langfristig kann eine sportgerechte Ernährung nur durchgehalten werden, wenn diese auch geschmacklich stimmt.

Wir wissen heute viel über die richtige Ernährung des Sportlers, dieses Wissen muß aber praxisgerecht umgesetzt werden. Geeignete Rezepte können helfen, daß ernährungsphysiologisch zumindest vieles richtig gemacht wird, ohne auf wohlschmeckende Speisen verzichten zu müssen, wobei der eigenen Phantasie oder sogar Kochkunst keine Grenzen gesetzt sind. Dabei wird es nicht zu vermeiden sein, daß die eine oder andere Speise etwas mehr Fett enthält, als es strengen Ernährungsrichtlinien entspricht, denn zahlreiche Duft- und Aromastoffe, die den Geschmack abrunden, sind in Fett gelöst. Kleinere Sünden können aber ausgeglichen werden, wenn die weiteren Mahlzeiten in das Ernährungskonzept passen.

Entscheidend ist die Bilanz: Die tägliche Aufnahme von Nähr- und Wirkstoffen unter besonderer Berücksichtigung der Ausgewogenheit muß stimmen. Je sportgerechter die Ernährung ist, um so geringer wird der Bedarf für eine ergänzende Zufuhr von Vitaminen, Mineralien und Spurenelementen in Form von kommerziellen Präparaten sein.

Univ.-Prof. Dr. med. Wilfried Kindermann
Internist der deutschen Fußballnationalmannschaft

Sportler sind in puncto Essen und Trinken mit sensiblen Rennpferden vergleichbar

Wer im heutigen Hochleistungssport immer noch der Meinung ist, die Bedeutung der Ernährung mißachten zu können, wird früher oder später sein böses Erwachen erleben. Ich gebe zu, in aktiven Zeiten diesen Aspekt eher vernachlässigt zu haben. Doch für jeden aktuellen Profi ist es Pflicht, in seiner ganz persönlichen Vorbereitung auch das richtige Essen und Trinken zu berücksichtigen.

Bei der Nationalmannschaft verlasse ich mich in dieser Hinsicht auf unseren Internisten, Professor Wilfried Kindermann, und unseren Küchenmeister, Fritz Westermann. Die beiden wissen genau, was jeder Athlet zu welchem Zeitpunkt zu sich nehmen soll oder gar muß. Dazu gehört beispielsweise sehr viel Flüssigkeit unmittelbar nach dem Training. Am Spielfeldrand, in der Kabine oder im Mannschaftsbus stehen die Drinks mit den wichtigen Mineralien immer bereit.

Es ist auch Usus, daß beim Mittagessen am Spieltag immer Spaghetti angeboten werden, wobei die Spieler selbst entscheiden können, ob sie dazu ein Steak essen möchten. Es wäre ein Unding, wenige Stunden vor dem Spiel unverdauliche Speisen zu servieren. Jeder, der zustimmend nickt, sei daran erinnert, daß in den Anfangsjahren der Bundesliga darauf fast niemand geachtet hat.

Hochleistungssportler lassen sich in puncto Essen und Trinken durchaus mit sensiblen Rennpferden vergleichen, aber dies müssen sie selbst auch verinnerlichen. Wem dies gelingt, der wird seine sportliche Leistung steigern können. Um wieviel Prozent, darüber läßt sich natürlich trefflich streiten. Aber wenn man berücksichtigt, wie minimal die Leistungsunterschiede heutzutage im nationalen und internationalen Vergleich sind, dann können wenige Prozent schnell den Ausschlag geben über Sieg oder Niederlage.

BERTI VOGTS

Auch bei der Weltmeisterschaft in Frankreich wird die sportgerechte Ernährung wieder eine wichtige Rolle spielen. Daß es dabei keinerlei Geheimnisse gibt, beweist das vorliegende Buch. Jeder, der mag, sollte es aufmerksam lesen und für sich selbst die richtigen Schlüsse daraus ziehen.

Berti Vogts
Bundestrainer

Ernährung und Fitneß

Der Körper ist ein wunderbares, kompliziertes Spielgerät. Trotzdem funktioniert er nach ganz einfachen Regeln – man muß sie nur kennen. Ein ganz wichtiger Faktor für die optimale Fitneß des Fußballers: Die Ernährung muß auf den Punkt abgestimmt sein. Was also gibt dem Körper die meiste und die beste Energie? Welche Rolle spielen Kohlenhydrate und Mineralstoffe wirklich? Was trinken – vor, während und nach dem Spiel? Nützliches Grundwissen zum Thema Fitneß.

Wann wir essen ist fast so wichtig wie was wir essen

Wir benötigen täglich Energie. Um zu gehen und zu laufen, aber auch um zu atmen und zu schlafen. Während eines Fußballspiels, aber auch im Tiefschlaf. Natürlich ist der Energiebedarf in den verschiedenen Situationen nicht gleich.

Energie zum Schlafen? Das klingt vielleicht anfangs komisch, wird aber rasch verständlich. Schließlich stehen Atmung, Herzschlag, Verdauung und Nierenfunktion ja niemals still. Diesen Energiebedarf nennt man Grundumsatz.

Wie bei einer Maschine gilt jedoch : Je mehr sie arbeitet, desto mehr Energie benötigt und verbraucht sie. Dies ist bei uns Menschen nicht anders – während eines harten Trainings braucht der Körper mehr Energie als beim leichten Joggen oder beim Spazierengehen. Diese von der Tätigkeit abhängige Energie nennt man Leistungsumsatz.

Optimale Energieverteilung der Mahlzeiten am Tag

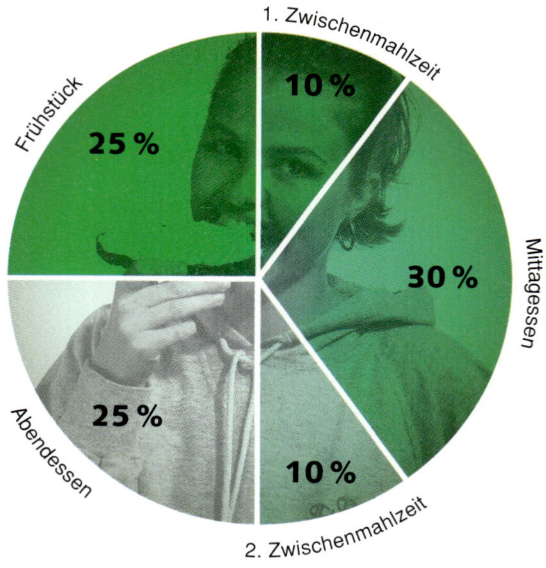

Grundumsatz plus Leistungsumsatz – das ist also unser Energiebedarf, und das ist ein ganz persönlicher Wert. Der Grundumsatz ist abhängig von Geschlecht, Alter, Größe, Gewicht, Trainingszustand, der Leistungsumsatz von Art und Intensität der Bewegung.

Während eines Spiels legt der Fußballer gut und gern bis zu 9000 Meter zurück, er absolviert an die fünfzig Sprints und mehr als hundert „Stop and Goes". Verständlich, daß der Energieverbrauch in diesen neunzig Minuten drastisch steigt. Allein eine Verdoppelung der Laufgeschwindigkeit von 3,3 Metern pro Sekunde auf 6,6 Meter führt zu einem Anstieg des Energieverbrauchs um das Achtfache.

Woher kommt die Energie?

Der Mensch ist, was er ißt. Das trifft natürlich auch auf den Fußballer zu. Wir müssen essen und trinken, um zu überleben, denn nur aus den aufgenommenen Speisen und Getränken kann sich unser Körper mit Energie versorgen. Die Speisen – genau genommen die einzelnen Bausteine darin – werden im Körper „verbrannt" und liefern ihm damit die lebensnotwendige Energie. Die Einheit, mit der diese Energie gemessen wird, ist die Kilokalorie, kurz Kalorie genannt.

Bei den Energielieferanten unterscheiden die Wissenschaftler vier Gruppen: Eiweiße, Fette, Kohlenhydrate und Alkohol. Dabei liefern ein Gramm Eiweiß und Kohlenhydrate unserem Körper etwa vier Kilokalorien, bei Fett sind es etwa neun und bei einem Gramm Alkohol etwa sieben Kalorien.

Der richtige Mahlzeitenrhythmus

Es ist nicht allein wichtig, was wir essen, es ist auch wichtig, wann wir etwas essen. Sollen keine Leistungstiefs auftreten, müssen wir unseren Körper über den Tag hinweg mit Energie versorgen. Neben den drei Hauptmahlzeiten (Frühstück, Mittagessen, Abendessen) sind deshalb mindestens zwei kleine Zwischenmahlzeiten empfehlenswert. Nur so bleibt der Blutzuckerspiegel weitgehend konstant, nur so sinkt die Leistung nicht ab. Zudem garantiert eine über den Tag verteilte Nährstoffzufuhr eine bessere Aufnahme lebenswichtiger Vitamine und Mineralstoffe. Drei große Einzelmahlzeiten hingegen können die Aufnahme der Nährstoffe behindern und die Ablagerung der Energie in Fettdepots fördern.

Dariusz Wosz

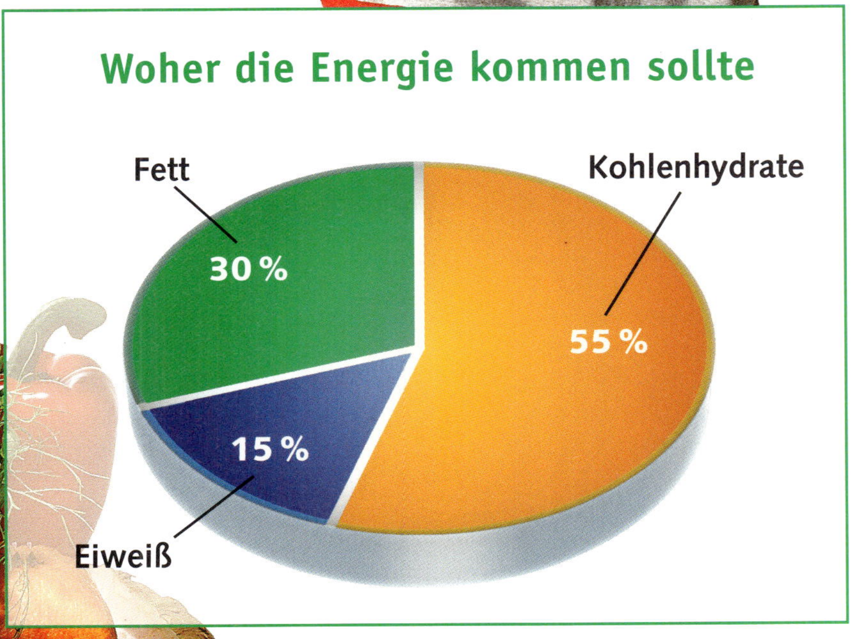

Die Spielphase – gesund, vielseitig und ausgewogen

Grund- oder Basisernährung – so nennen Experten die Ernährung im Alltag, weil sie der Grundstein für spätere Leistung ist. Das Grundprinzip ist einfach: Fußballer sollten sich vielseitig und ausgewogen ernähren. Was das heißt? Besonders wichtig sind reichlich Kohlenhydrate. Wer das regelmäßig beherzigt, kann seine Kohlenhydratspeicher im Körper vergrößern. Das wiederum spielt eine wichtige Rolle, weil dann während eines Spiels (und auch im Training) genügend Energie zur Verfügung steht. Die besten Kohlenhydratlieferanten sind frisches Obst und Gemüse, Kartoffeln, Nudeln, Reis und Brot (möglichst Vollkornbrot). Auch Milch und Milchprodukte, aber diese Lebensmittel sollten nicht ganz oben auf dem Speiseplan stehen.

Topfgucker: Dariusz Wosz, Jürgen Klinsmann, Andreas Köpke, Thomas Helmer und Oliver Bierhoff (von links nach rechts) mit Chefkoch Fritz Westermann

Der Abend vor dem Spiel

Jetzt ist es wichtig für den Kicker, seine Energie- und Nährstoffreserven optimal aufzufüllen. Ein kohlenhydratreiches Abendessen sorgt sozusagen im Schlaf für gefüllte Depots und damit für ein Maximum an Leistung beim Spiel. „Nudel- oder Kartoffelpartys" sind da genau richtig. Aber auch ohne Party sollten Reis, Nudeln oder Kartoffeln das Wichtigste auf dem Teller sein. Faustregel: Fleischportionen halbieren, Gemüse- und Beilagenportionen verdoppeln.

Nicht hungrig auf den Platz

Zwar spielt und trainiert ein voller Bauch nicht gern, ein leerer Magen jedoch verhindert jeden Sieg. Die letzte größere Mahlzeit sollte zwei bis drei Stunden vor dem Anpfiff liegen, reich an Kohlenhydraten und dennoch leicht verdaulich sein. Fett und Eiweiß meiden, sie liegen schwer im Magen und belasten den Körper während des Spiels. Findet das Spiel am Vormittag statt, darf das Frühstück nicht zu üppig ausfallen. Eine Scheibe Vollkornbrot mit Nutella oder Haferflocken mit Obst und Joghurt sind für die Initialzündung genau richtig. Wichtig in jedem Fall: viel trinken.

Vor dem Anpfiff

Trinken, trinken, trinken! Die Vorräte des Körpers aufzufüllen ist oberstes Gebot. Dabei sind Saftschorlen aus mineralstoffreichem Mineralwasser und Fruchtsaft im Verhältnis 3:1 die Hits. Süße Limonaden kurz vor dem Spiel sind ungünstig – sie machen müde und schlapp, die Leistung sinkt. Wer noch Hunger oder Appetit hat, beißt in eine Banane oder in einen Müsliriegel – Belastendes hingegen ist tabu.

Während der neunzig Minuten

Viel trinken (Saftschorle in kleinen Schlucken) und dazu ein kleiner Snack, reich an Kohlenhydraten, aber dabei leicht verdaulich (Banane, Joghurt mit frischen Früchten, Müsliriegel, Milch-Schnitte) – so kann sich der Spieler in der Halbzeit pushen. Die Speicher im Körper werden geschont, Reserven für die letzten Minuten vor dem Abpfiff geschaffen. Und wenn möglich, sollte auch während des Spiels immer wieder etwas Saftschorle getrunken werden.

Nach dem Spiel: wieder auftanken

Ob Sieg oder Niederlage – nach einem Spiel müssen geleerte Speicher wieder aufgefüllt werden. Nach dem Abpfiff soll der Spieler deshalb reichlich trinken, aber unbedingt in kleinen Schlucken. Zudem Eiskaltes meiden, um Magen und Verdauung nicht zu überfordern. In der Stunde nach dem Spiel sollten sofort Kohlenhydrate in Form von Getränken, wie zum Beispiel Apfelsaftschorlen, zugeführt werden. Schon ein bis zwei Stunden nach dem Spiel oder Training kann mit einer kohlenhydratreichen „Nach-Spiel-Kost" begonnen werden, etwa mit einem leckeren Reis-, Kartoffel- oder Nudelgericht, um die Kohlenhydratspeicher wieder zu füllen. Spätestens am nächsten Morgen bei einem großen Frühstück sollten die Speicher wieder aufgefüllt werden. Das sollte innerhalb von 15 Stunden geschehen, denn in dieser Zeit sind die Muskeln ganz besonders aufnahmefähig für Kohlenhydrate. Müsli mit Obst und Vollkornbrot enthalten genau den richtigen Kohlenhydratemix.
Nicht vergessen werden darf auch Eiweiß als Muskelbaustoff. Deshalb sind besonders ideal Getreidegerichte mit Milchfrischprodukten wie Quark oder Joghurt. Sie liefern die notwendigen Kohlenhydrate und qualitativ hochwertiges Eiweiß. Joghurt mit Obst ist für die Initialzündung genau richtig. Wichtig in jedem Fall: viel trinken.

Kinder – die Stars von morgen

Kinder wachsen rasant, ihr Körper stellt deshalb besondere Anforderungen an Speisen und Getränke. Beispielsweise braucht ein Sechsjähriger schon die gleiche Kalorienmenge wie eine erwachsene Frau, die den ganzen Tag am Schreibtisch arbeitet.
Bestimmte Nährstoffe, etwa Eiweiß, Calcium, Magnesium, die B-Vitamine oder Vitamin D, braucht ein heranwachsender Körper in ganz besonderem Maße. Speisen und Getränke müssen also besonders reichlich davon enthalten. Die Extraportion an Kohlenhydraten, die der erwachsene Fußballer benötigt, ist für den Nachwuchs hingegen nicht zu empfehlen. Kinder brauchen eine abwechslungsreiche, vollwertige Mischkost, die den kleinen Körper den ganzen Tag hindurch gesund versorgt. Ein Frühstück mit Müsli, Vollkornbrot mit Nutella und Joghurt oder Quark mit frischen Früchten helfen beim Start in den Tag, in der Pause sorgen bunt belegte Vollkorn-Sandwiches für gesunden Energienachschub. Mittags viel frisches Gemüse, kombiniert mit Kartoffeln und etwas Fleisch oder Fisch, am Nachmittag kleine Snacks und am Abend dann noch ein kleines, abwechslungsreiches Mahl mit vielen frischen Zutaten – so könnte ein Tag aussehen.
Ganz wichtig ist auch das richtige Maß Getränke. Kinder müssen, bezogen auf ihr Gewicht, viel mehr trinken als Erwachsene. Gut geeignet sind gute Obst- und Gemüsesäfte, nach Belieben mit Mineralwasser zur Schorle gemischt. Milchmixgetränke sind beliebt und liefern zudem das für Kinder so wichtige Calcium, die Ausnahme hingegen sollten süße Limonaden bilden. Die enthalten reichlich Zucker und damit viele Kalorien, aber kaum Vitamine und Mineralstoffe.

Das Spielgerät Körper

Ganz gleich, welche Sportart man betreibt: Das wichtigste Gerät ist der Körper. Nur ein Körper in guter Verfassung ist in der Lage, persönliche Bestleistungen zu bringen. Um dieses Ziel zu erreichen, braucht der Fußballspieler neben Talent und Training, Technik und Taktik, Koordination, Konzentration und der entsprechenden Motivation eine sportgerechte Ernährung. Essen und Trinken ist zwar nicht das Wichtigste im Leben eines Fußballspielers, aber der Nährboden, auf dem Leistungen gedeihen oder verderben.

Fußball heute – so athletisch wie noch nie

Seit Deutschland 1954 zum ersten Mal Weltmeister wurde, sind die körperlichen Anforderungen an den Fußballer immer mehr gestiegen. Heute werden während eines Spieles doppelt so große Strecken zurückgelegt und dreimal so viele Sprints wie damals absolviert. Zudem müssen Fußballer heute schneller sein und neben den Sprints über hundert „Stop and Goes" in den neunzig Spielminuten absolvieren. Solche Topleistungen setzen nicht nur hartes Training voraus, sondern auch die richtige Ernährung. In der Küche des Spielers wird mitentschieden, ob körperlicher Raubbau oder körperlicher Aufbau betrieben wird. Alle Vorgänge beim Bau- und Energiestoffwechsel im Körper können nur in dem Maße sportartgerecht verlaufen, wie es Quantität und Qualität der aufgenommenen Lebensmittel erlauben.

Gehirn

Konzentrationsmangel? Es fehlt vermutlich Glukose, ein Kohlenhydrat. Das Gehirn deckt seinen Energiebedarf ausschließlich aus Glukose, und es werden in einer Stunde mindestens fünf Gramm, während eines Spieles sogar sieben bis zehn Gramm benötigt. Aber auch ein Mangel an B-Vitaminen, Magnesium oder Jod läßt die Konzentration schwinden.

Lunge

Atemnot? Kurzatmigkeit während des Spieles? Das können Folgen eines schlechten Trainingszustandes oder eines grippalen Effektes sein, aber auch Anzeichen für einen Mangel an Eisen oder Vitamin B_2.

Muskeln (I)

Muskelkater? Muskelschmerzen? Krämpfe? Das können Anzeichen für Übertraining sein. Oft aber ist ein Mangel an Flüssigkeit und/oder an den Mineralstoffen Calcium, Eisen, Natrium, Kalium und Magnesium die Ursache.

Muskeln (II)

Kraftlosigkeit? Neben einem schlechten Trainingszustand können B-Vitamine, Eiweiß, Eisen oder Magnesium fehlen.

Muskeln (III)

Muskelfaserriß? Möglicherweise stand zu wenig Kalium und Magnesium zur Verfügung. Auch ein zu hoher Eiweißanteil in der Nahrung steigert die Gefahr von Faserrissen.

Beine

Nachlassende Schnelligkeit? Sinkende Leistung? Fehlende Flüssigkeit kann die Ursache sein. Körperflüssigkeiten dicken ein, das Blut fließt langsamer, die Zellen werden schlechter mit Sauerstoff und Nährstoffen versorgt.

Oliver Bierhoff

Augen

Schlechtes Sehvermögen bei Flutlichtspielen oder in der Dämmerung? Das können erste Anzeichen für Mangel an Vitamin A oder Provitamin A sein.

Herz

Schnell müde? Nachlassende Leistungsfähigkeit? Konzentrationsschwäche? Oft fehlen Jod, Eisen, Vitamin C oder B-Vitamine.

Achillessehne

Bindegewebsverletzungen treten gehäuft auf, wenn die schützenden ungesättigten Fettsäuren fehlen.

Füße

Bewegungsunlust während des Spiels? Kein Antrieb? Möglicherweise fehlen Eisen, Vitamin C oder B-Vitamine.

Kohlenhydrate

Sie sind die Wunderwaffe für den Fußballer. Ob als Energiespritze für den schnellen Antritt oder als Garant für das Durchhaltevermögen über neunzig Minuten – Kohlenhydrate sind für Leistung und Erfolg unverzichtbar. Wer also erfolgreich sein will, sollte sich davon Extraportionen gönnen: Müsli und Vollkornbrot, Obst und Gemüse, Kartoffeln, Nudeln und Reis.

Eiweiß

Eiweiß ist für unseren Körper unverzichtbar. Der Fußballer sollte Wert auf ausreichende Zufuhr der richtigen Eiweißstoffe achten – aus Getreide, Kartoffeln und Hülsenfrüchten. Extraportionen jedoch sind nicht nötig. Eiweiß aus Eiern, Milchprodukten und Fleisch sollten eher in den Hintergrund treten.

Fett

Es macht fit, aber bekanntlich auch fett. Dem Fußballer dient Fett als Basisenergie. Die Energiequelle Kohlenhydrate kann er dadurch schonen. Wichtig ist der bewußte Umgang mit Nahrungsfetten. Pflanzliche Fette, etwa Olivenöl, Nüsse und Samen, sollten im Vordergrund stehen, Butter und fettes Fleisch hingegen die Ausnahme bilden.

Vitamine

Ohne diese Winzlinge läuft gar nichts. Weil unser Körper Vitamine nicht selbst bilden kann, muß er sie mit den Speisen und Getränken aufnehmen. Für den siegeswilligen Fußballer unverzichtbar ist ein abwechslungsreicher Speisezettel, auf dem frisches(!) Obst und Gemüse sowie alle Vollkornprodukte eine zentrale Rolle spielen.

Mineralstoffe

Sie sind ebenso wichtig wie Vitamine, und auch sie müssen mit der Nahrung aufgenommen werden. Klar, wer viel schwitzt, scheidet viele Mineralien aus. Sie müssen unbedingt ersetzt werden. Sonst schwinden Leistung und Konzentration, es drohen Müdigkeit und Muskelkrämpfe. Abwechslungsreich und vollwertig essen, Frisches bevorzugen.

Flüssigkeit

Ohne Wasser kein Leben. Trinkt der Fußballer wenig, schwinden unweigerlich Konzentration, Antrieb und Leistung. Muskelkrämpfe oder gar ein Zusammenbruch können folgen. Deshalb: viel trinken, am besten Mineralwasser, mit gutem Fruchtsaft zur Schorle gemischt.

Kohlenhydrate – die Leistungsträger

Sie sind die Wunderwaffe für den Fußballer – ohne sie keine Leistung. Kohlenhydrate sind der Brennstoff für Muskeln und Gehirn, sie sind Nervennahrung und Stimmungsmacher. Jedoch gilt dies nicht gleichermaßen für alle Kohlenhydrate.

Ein wenig Chemie

Unter dem Begriff Kohlenhydrate wird eine Vielzahl von Stoffen zusammengefaßt, die aus Zuckermolekülen bestehen. Tritt solch ein Molekül einzeln auf, wird es Einfachzucker genannt. Hierzu gehören Trauben- und Fruchtzucker, wie sie in Obst vorkommen. Haften zwei Zuckermoleküle zusammen, heißt diese

Olaf Thon

Verbindung Zweifachzucker. Hierzu gehören Milch- und Malzzucker, Rohr- und Rübenzucker (und damit unser Haushaltszucker).

Für den Fußballer richtig interessant wird es, wenn sich viele Moleküle zu langen Ketten zusammenschließen und Mehrfachzucker oder komplexe Kohlenhydrate bilden. Dazu gehören neben Stärke, die in Vollkornprodukten, Müsli, Kartoffeln und Gemüse vorkommt, auch die Ballaststoffe aus Obst, Gemüse und Vollkorngetreide.

Wichtige Energiequelle

Kohlenhydrate dienen dem Fußballer als Energie- und damit als Leistungsquelle. Die kurzkettigen Kohlenhydrate stehen blitzschnell zur Verfügung – ein Plus also, wenn eine spontane Energiespritze gefragt ist. Andererseits sind sie rasch verbraucht und für ein ganzes Spiel nicht ausreichend. Hinzu kommt, daß die kurzkettigen und damit schnell verfügbaren Kohlenhydrate – dazu gehört auch das beliebte Stück Traubenzucker – schnell ins Blut schießen und den Blutzuckerspiegel rasch ansteigen lassen. Die Antwort des Körpers darauf ist eine verstärkte Insulinausschüttung. Der Blutzuckerspiegel sinkt im Nu wieder ab und kann sogar unter das Ausgangsniveau fallen – Folgen sind Unterzuckerung und damit verbunden Konzentrationsschwäche, Leistungsabfall und Müdigkeit. Zudem wird die Fettverbrennung gehemmt und die Kohlenhydratspeicher werden dadurch schneller entleert.

Unverzichtbar für jeden Fußballer hingegen sind langkettige Kohlenhydrate in ausreichender Menge. Die nämlich müssen zuerst Schritt für Schritt in ihre Einzelbestandteile zerlegt werden und sind entsprechend eine stetige Energiequelle – die ganzen neunzig Minuten hindurch.

Ballaststoffe – kein unnötiger Ballast

Auch Ballaststoffe (Zellulose, Pektin) gehören zu den Kohlenhydraten. Es sind pflanzliche Nahrungsteile, die vom menschlichen Körper nicht verdaut werden können, die jedoch wichtige Aufgaben bei unserer Verdauung erfüllen und den Stoffwechsel beeinflussen. Zudem bringen sie Volumen auf den Teller und machen lange satt, da sie unseren Magen nur langsam wieder verlassen.

Ballaststoffe kommen nur in pflanzlichen Lebensmitteln vor, genau genommen in deren Zellwänden. Da die Zellwände bei der Verarbeitung von Getreide entfernt werden, stecken in Vollkornbroten mehr Ballaststoffe als in Weißbroten, in Naturreis gegenüber weißem Reis gar die vierfache Menge. Übrigens: Etwa dreißig Gramm Ballaststoffe sollten wir am Tag essen. Tun aber die wenigsten, leider. Grund genug also, Vollwertiges zu genießen.

Die Vorentscheidung über den Sieg

Das Institut für Sporternährung e.V., Bad Nauheim, empfiehlt Fußballern, mehr als die Hälfte der täglichen Energie in Form von Kohlenhydraten aufzunehmen. Kohlenhydrate sind der „Treibstoff" für Training und Spiel, sie sind das „Muskelbenzin" des Kickers. Sie werden als Glykogen in Muskeln und Leber gespeichert und liefern schnell und ökonomisch die für Muskel- und Gehirntätigkeiten notwendige Energie. Gut aufgefüllte Energiespeicher garantieren eine lange und hohe Leistungsfähigkeit.

Wichtig zu wissen: Durch eine konstant hohe Aufnahme von Kohlenhydraten lassen sich die Speicher im Körper deutlich vergrößern – ein Plus für Ausdauer und Leistung. Eine Riesenportion Müsli am Spieltag allein bringt's allerdings noch nicht.

Trotzdem gilt natürlich: Vor einem Spiel oder gar einem Turnier müssen die Kohlenhydratspeicher optimal gefüllt sein. Am Vorabend sollten reichlich Nudeln, Reis oder Kartoffeln gegessen werden, und der Spieltag selbst sollte ebenfalls mit vielen Kohlenhydraten beginnen.

Am Spieltag

Vor einem wichtigen Spiel sind ungewohnte Speisen tabu – in der Anspannung könnte Übelkeit auftreten. Die letzte größere Mahlzeit einige Stunden vor dem Anpfiff einnehmen, damit Magen und Körper entlastet sind. Kleine Zwischenmahlzeiten überbrücken auf optimale Weise die Zeit bis zum Anpfiff und beugen auch in der Halbzeit einem knurrenden Magen vor. Empfehlenswert sind beispielsweise Bananen, eine Milch-Schnitte, Joghurt mit frischen Früchten oder eine Scheibe Vollkornbrot mit Frischkäse und Nutella.

Auch Kohlenhydrate, die Fußballer noch während des Spiels (oder Trainings) einnehmen, verbessern die Leistung. Auf diese Weise werden die Kohlenhydratspeicher geschützt, die Energie steht länger zur Verfügung. Das ist ebenso wie bei einem Auto, das mit halbvollem Tank fährt: Es fährt zwar genauso schnell wie ein Auto mit vollem Tank, aber eben nicht so lange.

Wie Kohlenhydrate für Vorsprung sorgen

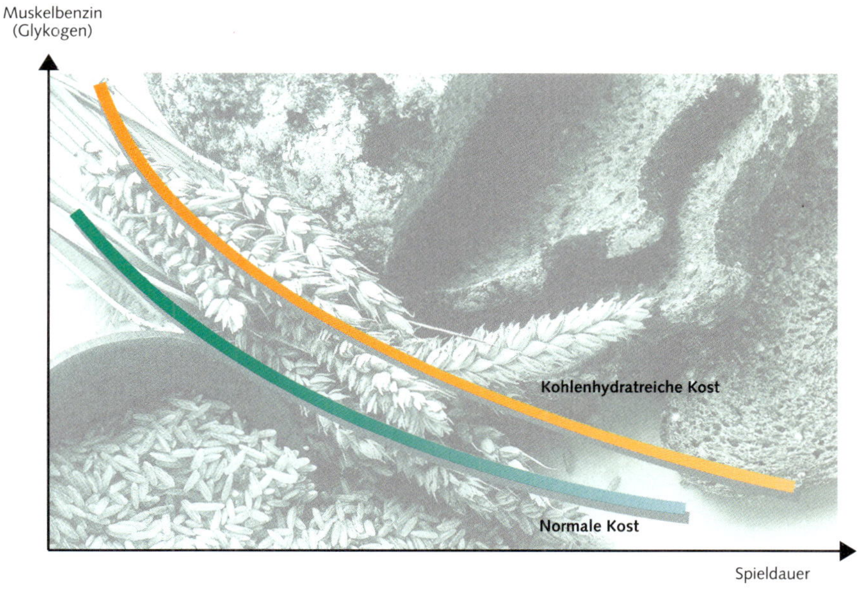

Eiweiß – Baustoff des Lebens

Ohne Eiweiß (Proteine) kein Leben. Eiweiß ist für unseren Körper unverzichtbar: für Wachstum, Erneuerung und Entwicklung von Organen und Gewebe, als Bestandteil von Muskeln, Nägeln, Haut und Haaren, von Enzymen und Hormonen, zur Stärkung unserer Abwehrkräfte. Eiweiß kann neben Kohlenhydraten als Energiequelle dienen und spielt eine bedeutende Rolle bei den Denkvorgängen im Gehirn. Einige Eiweißbausteine wirken sich gar positiv auf die Stimmung aus.

Eiweiße erfüllen also vielfältige Aufgaben, und sie sind sehr unterschiedlich aufgebaut. Ähnlich einer Perlenkette – mal schnurgerade aufgefädelt, dann wieder zum Knäuel verdreht – reihen sich viele Bausteine aneinander. Diese Bausteine nennt man Aminosäuren. Nehmen wir nun Eiweiß mit unseren Speisen auf, zerlegt unser Körper sie erst einmal in ihre Einzelbestandteile, um sie dann aber ganz nach seinem Bedarf wieder zusammenzusetzen. Ein Teil der Aminosäuren kann unser Körper selbst herstellen, andere hingegen müssen über Speisen und Getränke zugeführt werden.

Nicht allein die Menge macht's

Eiweiß ist in vielen Lebensmitteln enthalten. Natürlich denken wir zuerst an Eier, Milch und Steaks, aber Eiweiß steckt auch in pflanzlichen Lebensmitteln, etwa in Getreide, Hülsenfrüchten und Kartoffeln. Und obwohl unser Körper das pflanzliche Eiweiß schlechter verwerten kann als das tierische, sollte es in der Ernährung des Fußballers überwiegen. Denn Getreide, Hülsenfrüchte, Brot, Reis, Müsli und Nudeln liefern neben Eiweiß eine große Menge der so wichtigen Kohlenhydrate. Ein weiterer Vorteil pflanzlicher Eiweiße: Sie enthalten kaum Fett und kein Cholesterin.

Natürlich muß keiner völlig auf Fleisch verzichten. Im Gegenteil: Es enthält Aminosäuren (die Eiweißbausteine), die sich im Körper optimal mit den Aminosäuren pflanzlicher Kost verbinden.

Unnötig: teure Eiweißpräparate

Viele jugendliche Fußballer meinen, die mit den Lebensmitteln aufgenommene Menge an Eiweiß würde nicht reichen. Sie greifen zu Eiweißriegeln oder Eiweißdrinks. Das ist vollkommen überflüssig, es kann sogar schädlich werden. Essen wir zuviel Eiweiß, kann unser Körper diesen Überschuß nicht etwa für „schlechte Zeiten" speichern, er muß ihn abbauen. Dabei fallen große Mengen an Ammoniak an, die von der Leber entgiftet und ausgeschieden werden müssen. Ist die Eiweißzufuhr mit der Nahrung also sehr viel größer als der Bedarf an Aminosäuren, werden Leber und Nieren unnötig belastet. Deshalb gilt bei Eiweiß: Viel hilft nicht unbedingt viel.

Ohnehin ist unsere Eiweißaufnahme meist zu hoch. Der erhöhte Eiweißbedarf eines Fußballspielers wird automatisch durch die größeren Mahlzeiten gedeckt, die er gewöhnlich zu sich nimmt.

Fördert Fitneß und Konzentration

Ein besonders wichtiger Eiweißbaustein ist Tryptophan. Es ist reichlich vorhanden in Salaten und Gemüsen,

Mario Basler

Milch, Joghurt, Fisch, Huhn und Truthahn. Die Aminosäure Trypthophan ermöglicht es, daß unser Gehirn ausreichend mit dem „Glücklichmacher-Hormon" Serotonin versorgt wird – es hebt die Stimmung und fördert die mentale Fitneß. Besonders gut funktioniert das, wenn dem Körper gleichzeitig Kohlenhydrate zur Verfügung stehen – die richtige Kombination der Speisen sichert neben der körperlichen Leistungsfähigkeit (durch die Kohlenhydrate) also auch die Konzentration (durch das Eiweiß).

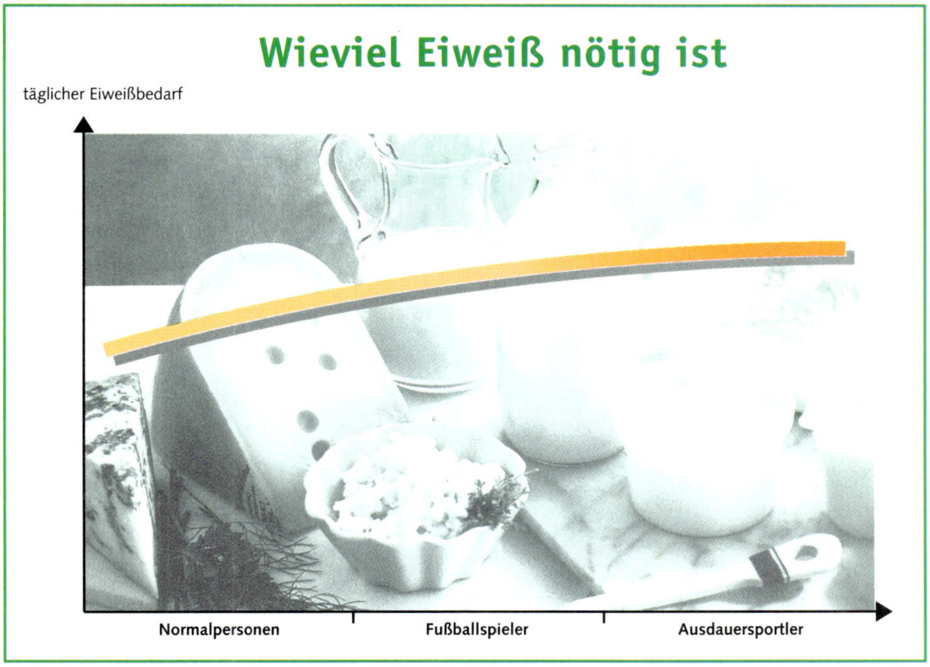

Fett – Fitmacher & Fettmacher

Zunächst mal: Fett ist nichts Schlechtes. Fett ist eines der Fundamente für den Menschen. In unserem Körper stecken rund 15 Prozent Fett – und das ist gut so. Denn Fett ist geballte Kraft, eine konzentrierte, nahezu unerschöpfliche Energiequelle. Ein Gramm Fett liefert neun Kalorien – mehr als doppelt soviel wie Kohlenhydrate und Eiweiß. Vor allem: Fett transportiert wertvolle Vitamine und die unentbehrlichen (essentiellen) Fettsäuren, die für den Aufbau von Nerven und Gehirnzellen bedeutend sind. Fett ist also unverzichtbar. Allerdings: Das gilt nicht für alle Fette. Vom chemischen Aufbau her sind alle Fette gleich. Sie bestehen aus Glyzerin und drei Fettsäuren. Diese Fettsäuren können jedoch sehr unterschiedlich sein. Wissenschaftler unterscheiden zwischen gesättigten und ungesättigten Fettsäuren. Die gesättigten Fettsäuren stecken in tierischen Produkten. Gesättigte Fettsäuren kann unser Körper selbst bilden. Ungesättigte nicht. Die müssen mit der Nahrung geliefert werden. Es kommt also sehr auf die Auswahl an.

Das richtige Fett …

Die für uns hochwertigen ungesättigten Fettsäuren sind in der Regel weich oder flüssig – und meist pflanzlicher Herkunft (Gemüse, Nüsse, Samen oder Oliven). Wir sollten also möglichst oft Sachen essen, die mit Pflanzenölen zubereitet sind.

… für den Fußballer

Durch regelmäßiges Training wird auch die Fähigkeit der Muskulatur erhöht, Fett als Energiequelle zu nutzen. Vorteil für Fußballspieler: Der Organismus kann während des Trainings und in einem Match seinen Kohlenhydratverbrauch verringern und bis zur letzten Minute Topleistung bringen, weil die Kohlenhydratspeicher (noch) nicht leer sind. Leistungsspitzen, zum Beispiel schneller Antritt, Sprints, funktionieren nämlich nur durch die Verbrennung von Kohlenhydraten.
Trotzdem: Vorsicht vor zuviel Fett. Zuviel Fett macht fett. Fußballer sollten kohlenhydratreich und fettkontrolliert essen und vor allem pflanzliche Fette wählen. Allerdings ist Fett auch Geschmacksträger. Viele Gerichte schmecken erst mit etwas Fett richtig gut. Deshalb darf eine Mahlzeit schon mal über dem idealen Level liegen. Wichtig ist es, die Fettmenge über den Tag im Auge zu behalten. Faustregel für den Fettkonsum: täglich etwa ein Gramm pro Kilogramm Körpergewicht.

Cholesterin – ein Risikofaktor

Nein, Cholesterin hat kein gutes Image. Manche sehen es sogar als Todfeind des Herzes. Jedoch – unser Körper braucht die Substanz dringend – und kann sie selbst auch bilden. Cholesterin ist Bestandteil von Zellen und Gewebe, besonders im Nervensystem, Gehirn und Blut. Es wird sogar zur Herstellung von Sexualhormonen benötigt. Wenn wir mit der Nahrung zusätzlich Cholesterin aufnehmen, schaltet der Körper gewöhnlich auf Sparflamme: Er drosselt die Cholesterin-Produktion. Wenn nicht, steigen die Blutfettwerte und der Blutdruck, die Arterien verkalken. Schlimmstenfalls kann das zum Herzinfarkt führen. Übrigens: Cholesterin steckt ausschließlich in tierischen Lebensmitteln. Wenn wir also überwiegend pflanzliche Fette verzehren, tendiert das Risiko gegen null.

Ulf Kirsten

Wieviel der Körper speichern kann

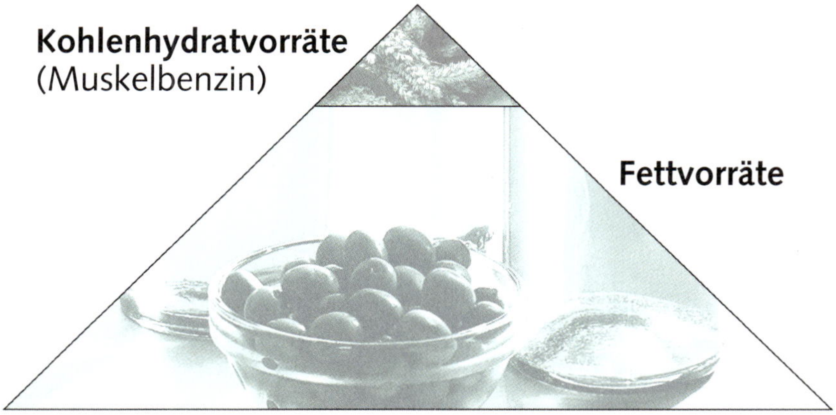

Wir können nur rund 1500 Kalorien Kohlenhydrate speichern – aber unendlich mehr Fett. Deshalb müssen wir unsere Kohlenhydratvorräte ständig ergänzen.

Vitamine – ohne sie läuft gar nichts

Vitamine sind lebensnotwendig. Die Winzlinge helfen bei allen Stoffwechselvorgängen und spielen eine wichtige Rolle bei der Bildung von Zellen, Knochen und Blut. Sie stärken unser Immunsystem und erhalten unsere körperliche und geistige Leistungsfähigkeit.

Kleine Einwanderer

Unser Körper kann Vitamine nicht selbst bilden, er muß sie sich aus Speisen und Getränken holen. Zudem ist er auf regelmäßigen Nachschub angewiesen, da er Vitamine nur eine gewisse Zeit speichern kann – bei einigen Vitaminen reicht ein voller Speicher gerade mal zwei Wochen.

Insgesamt 13 Vitamine sind bislang bekannt, und diese werden in zwei Gruppen eingeteilt: in die fettlöslichen und in die wasserlöslichen Vitamine. Wasserlösliche Vitamine, am bekanntesten ist das Vitamin C, kann unser Körper nur kurzfristig speichern. Die fettlöslichen Vitamine A, D, E und K hingegen werden im Fettgewebe und in der Leber eingelagert.

Nicht nur in Obst und Gemüse

Selbst für einen Profi-Fußballer ist die ausreichende Versorgung mit Vitaminen über die Ernährung problemlos möglich. Dabei spielen frisches Obst und Gemüse sowie alle Vollkornprodukte eine zentrale Rolle, vor allem aber kommt es auf einen abwechslungsreichen Speisezettel an. Ebenso bedeutend wie die Auswahl der Zutaten sind deren Aufbewahrung und Zubereitung. Dabei gilt: so frisch wie möglich einkaufen und verarbeiten, so schonend wie möglich behandeln, so kurz wie möglich garen.

Gut gewappnet zum Spiel

Ohne Vitamine gibt es weder Gesundheit noch Leistung. Fehlt auch nur ein einziges Vitamin, läuft der Stoffwechsel nicht mehr reibungslos. Natürlich sind die einzelnen Vitamine für den Fußballer unterschiedlich wichtig. Die größte Bedeutung haben die B-Vitamine sowie die Vitamine C und E.

Vitamin B_1 ist für die Energiegewinnung aus Kohlenhydraten verantwortlich – und die muß während eines Spiels auf Hochtouren laufen. Deshalb sollten Voll-

kornprodukte, besonders Haferflocken, Kartoffeln, Hülsenfrüchte und mageres Fleisch häufig auf dem Teller des Fußballers liegen. Bei der Verarbeitung von Getreide zu weißem Mehl werden mehr als 70 Prozent der B-Vitamine entfernt.

Vitamin B_6 ist beim Aufbau von Muskeln aus Eiweiß beteiligt. Wer also Muskeln spielen lassen will, sollte mageres Hühner- oder Schweinefleisch, Fisch, Gemüse, Kartoffeln, Vollkornprodukte sowie Milch und Milchprodukte zu seinen Favoriten machen.

Vitamin C hilft dem Fußballspieler, auch eine regenreiche Saison ohne Grippe zu überstehen. Es stärkt sein Immunsystem und beugt so Erkältungskrankheiten vor. Zudem schützt Vitamin C die Zellen und ist für die Bildung und Erhaltung von Bindegewebe und Knochen bedeutend. Frisches Obst, besonders Zitrusfrüchte und schwarze Johannisbeeren, grünes Gemüse, Tomaten und Kartoffeln sind gute Vitamin-C-Lieferanten.

Viel hilft nicht immer viel

Wer nun glaubt, mit Vitaminpillen für Extraportionen sorgen zu müssen, der irrt. Ein Speisezettel mit frischen, abwechslungsreichen Zutaten reicht vollkommen aus. Im Vordergrund sollten dabei Lebensmittel mit einer hohen Nährstoffdichte stehen, bei denen der Körper besonders viele Vitamine pro Kalorie geliefert bekommt. Vor allem aber gilt: Eine über dem Bedarf liegende Vitaminzufuhr steigert nicht die Leistungen!

Jörg Heinrich

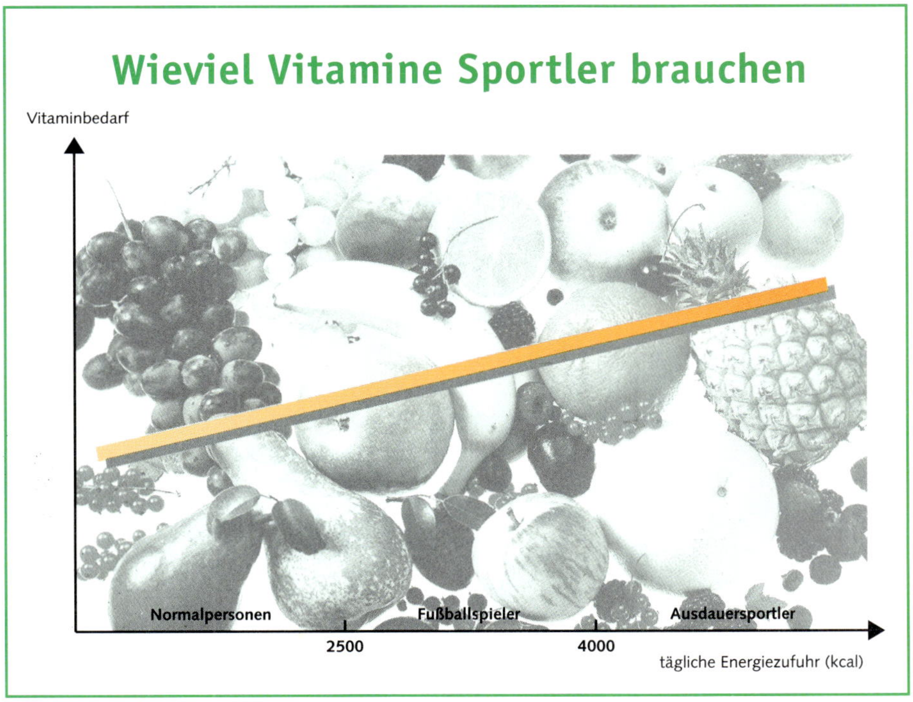

Mineralstoffe – Salze des Lebens

Sie sind genauso klein und ebenso wichtig wie Vitamine: die Mineralstoffe. Mehr als zwanzig verschiedene gibt es, und jedes der Teilchen hat seine eigenen Aufgaben zu erfüllen: Mineralstoffe spielen eine entscheidende Rolle bei der Energiegewinnung, sind wichtig beispielsweise für Muskeln und Nerven, Knochen und Zähne, für Blutbildung und den Sauerstofftransport im Blut. Da unser Körper diese Stoffe nicht selbst bilden kann, müssen sie mit der Nahrung aufgenommen werden – und das möglichst täglich. Nur so bleiben Gesundheit und die volle Leistungsfähigkeit erhalten.

Christian Ziege

Extraportionen für Fußballer

Durch die körperlichen Anstrengungen beim Fußballspielen werden Mineralstoffe mit dem Schweiß ausgeschieden. Zudem gehen Mineralstoffe durch den erhöhten Energiestoffwechsel verloren. Wer konstant Leistung bringen will, muß für regelmäßigen und ausreichenden Nachschub sorgen. Ein Mangel kann zu allgemeiner körperlicher Schwäche und Abgeschlagenheit führen, aber auch zu Muskelschwäche oder Muskelkrämpfen.

Kalium – das Muskelmineral

Von allen Mineralstoffen benötigt der Körper von Kalium die größte Menge – etwa drei bis vier Gramm pro Tag. Bei Fußballspielern ist der Bedarf sogar noch höher, vor allem in den Regenerationsphasen, also nach einem Spiel.

Kalium hält die Flüssigkeitsverteilung im Körper aufrecht, es ist wichtig für jede Muskelkontraktion und wird nach dem Training oder Spiel dringend zur Auffüllung der Kohlenhydratspeicher benötigt. Vorsehung der Natur: Viele Lebensmittel, etwa Kartoffeln und Vollkornprodukte, enthalten sowohl reichlich Kohlenhydrate als auch Kalium. Liegen sie oft auf dem Teller, wird die Regenerationsphase verkürzt. Ein wichtiger Erfolgsträger während der Spielsaison oder im Trainingslager! Kaliumreich sind außerdem Obst und Gemüse, Hülsenfrüchte, Hefeprodukte, Trockenfrüchte, Nüsse, Milch und Milchprodukte, aber auch Fruchtsäfte wie Apfelsaft.

Magnesium – der universelle Helfer

Magnesium ist das Multitalent unter den Mineralstoffen. Es aktiviert über 300 Enzyme, hilft beim Energiestoffwechsel und beim Zusammenspiel von Muskeln und Nerven. Ausreichende Aufnahme ist eigentlich kein Problem, denn Vollkornprodukte, Hülsenfrüchte, Kartoffeln und grünes Gemüse, Milch, Fisch, Bananen und Beerenfrüchte sichern die Grundversorgung, und auch magnesiumreiches Mineralwasser kann dazu beitragen. Dennoch ist bei Fußballern ein Magnesiummangel nicht selten – Unruhe, Herzjagen oder gar Herzkrämpfe, Übelkeit, Wadenkrämpfe, Atemnot oder starkes Kribbeln in Händen und Füßen sind Anzeichen dafür. Zudem ist ein Fußballer bei Magnesiummangel anfälliger für Muskelverletzungen.

Calcium – hält die Knochen in Form

Calcium ist ein wichtiger Baustoff für unsere Knochen, hat aber auch Einfluß auf Muskeln und Nerven sowie auf die Blutgerinnung. Bei einem Mangel mobilisiert unser Körper Calcium aus den Knochen, diese werden brüchig. Zudem fühlen wir uns nervös und kraftlos, der Kreislauf ist gestört.

Besonders bei jugendlichen Fußballern muß auf eine ausreichende Calciumzufuhr geachtet werden –

Calcium wird nur etwa bis zum dreißigsten Lebensjahr in die Knochen eingelagert. Eine hohe Knochendichte zu diesem Zeitpunkt garantiert eine hohe Knochenstabilität und Knochenfestigkeit in späteren Jahren.
Deshalb sollten auf dem Speisezettel des Kickers reichlich Milch und Milchprodukte (die besten Calciumlieferanten) stehen, aber auch Sesamsamen, Beerenfrüchte, Vollkorngetreide, Nüsse und Gemüse, wie Brokkoli, Lauch, Spinat und Fenchel.

Eisen – stärkt die Ausdauer

Eisen ist für den Sauerstofftransport im Blut unerläßlich und spielt eine zentrale Rolle im gesamten Stoffwechsel. Ein Mangel kündigt sich durch Appetitlosigkeit, Müdigkeit und Blutarmut an, man ist ganz einfach schlapp.
Wer im Spiel neunzig Minuten präsent sein will, muß seinem Körper zuvor ausreichend Eisen zuführen in Form von Vollkornprodukten sowie grünem Gemüse, aber auch in Maßen in Form von Fleisch, Fisch und Meeresfrüchten. Und damit das Eisen aus pflanzlichen Produkten optimal vom Körper verwertet werden kann, gehört stets Vitamin C dazu. Ein frischer Salat mit Zitronendressing, ein Glas Obstsaft oder der Obstsalat nach dem Mahl schmecken also nicht nur gut, sie lassen den Fußballer auch länger durchhalten.

Jod – Minimengen mit großer Wirkung

Das Schilddrüsenmineral Jod ist unerläßlich für die Zellen und den Energiestoffwechsel, für Herz, Lunge, Nieren, Muskeln und andere Organe. Ein Mangel macht müde und nervös, Leistung und Konzentration lassen nach.
Gute Jodlieferanten sind Seefische, Milch und Milchprodukte sowie jodhaltige Mineralwässer und natürlich jodiertes Speisesalz. Bei Backwaren, Fleisch- und Wurstwaren sowie Fertigprodukten darauf achten, ob sie mit Jodsalz hergestellt wurden.

Zink – läßt Wunden heilen

Über 300 Enzyme sind von einer optimalen Zinkversorgung abhängig. Fehlt dem Körper Zink, heilen Wunden schlecht, werden Knochen brüchig und das Immunsystem geschwächt. Da jedoch bei psychischem und körperlichem Streß vermehrt Zink mit dem Urin ausgeschieden wird, sollte der Fußballer auf eine reichliche Zinkzufuhr achten: Milch und Milchprodukte, Vollkorngetreide, Innereien, Muskelfleisch, Fisch und Schalentiere.

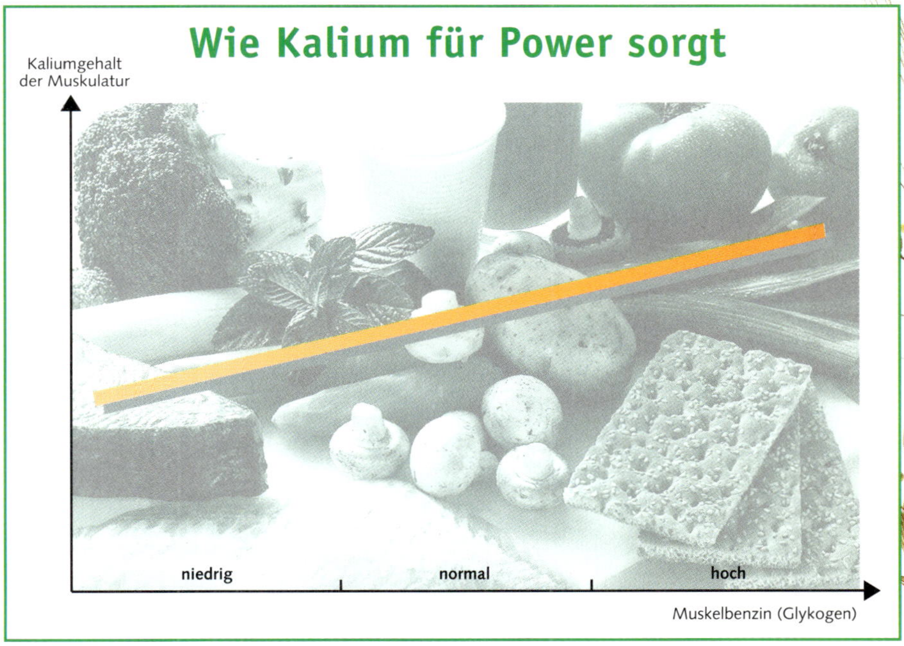

Muskelpower: Je mehr Kalium dem Körper zur Verfügung steht, um so mehr Leistung kann die Muskulatur bringen.

Flüssigkeit – Wasserträger für bessere Leistung

Ohne Wasser kein Leben. Wasser spielt in unserem Körper eine ganz entscheidende Rolle: Es hält unsere Körpertemperatur aufrecht und ermöglicht den gesamten Stoffwechsel. Nährstoffe können nur mit Wasser transportiert werden.
Wieviel Wasser unser Körper enthält, hängt von Alter, Geschlecht, Gewicht und Konstitution ab. Während beim Neugeborenen noch etwa 75 Prozent des Körpergewichts aus Wasser besteht, sind es später gerade noch 50 Prozent. Bei Männern ist der Wassergehalt höher als bei Frauen, bei muskulösen Menschen höher als bei dicken. Etwa die Hälfte des gesamten Körperwassers sitzt in den Muskeln. Aber auch im Gehirn steckt reichlich Wasser – es besteht zu 75 Prozent daraus und ist das wasserreichste Organ des Körpers.

Trinken, bevor der Durst sich meldet

Trinkt der Fußballer zuwenig, trocknet sein Körper aus. Die Folgen: Konzentration und Koordination, Antrieb und Leistung lassen rasant nach, es kann zu Muskelkrämpfen oder gar zu einem Zusammenbruch kommen. Mindestens zwei Liter Flüssigkeit brauchen wir am Tag, bei intensivem Training oder einem anstrengenden Spiel sind es aber gut und gern fünf oder mehr Liter. Diesen enormen Bedarf muß der Kicker decken – mit Getränken, aber auch mit den Speisen, etwa mit Suppen. Das ist nicht ganz einfach, vor allem, weil das Durstgefühl im Gegensatz zum Hungergefühl erst sehr spät wahrgenommen wird. Deshalb gilt: Trinken, bevor der Durst kommt!

Verlustfaktor Schweiß

75 Prozent der Energie gehen als Wärme verloren. Damit sich der Körper dabei nicht zu stark aufheizt, produziert er Schweiß, natürlich um so mehr, je stärker er gefordert wird. Flüssigkeit geht verloren, und viele Funktionen des Körpers werden beeinträchtigt. Das Blut wird dickflüssiger und fließt langsamer, die Muskeln werden schlechter mit Sauerstoff und Nährstoffen versorgt. Mit dem Schweiß werden aber auch Mineralstoffe ausgeschieden, es kann zu Mangelerscheinungen kommen. Dabei gilt: Ein gut trainierter Körper hält mehr Mineralstoffe zurück als ein untrainierter.

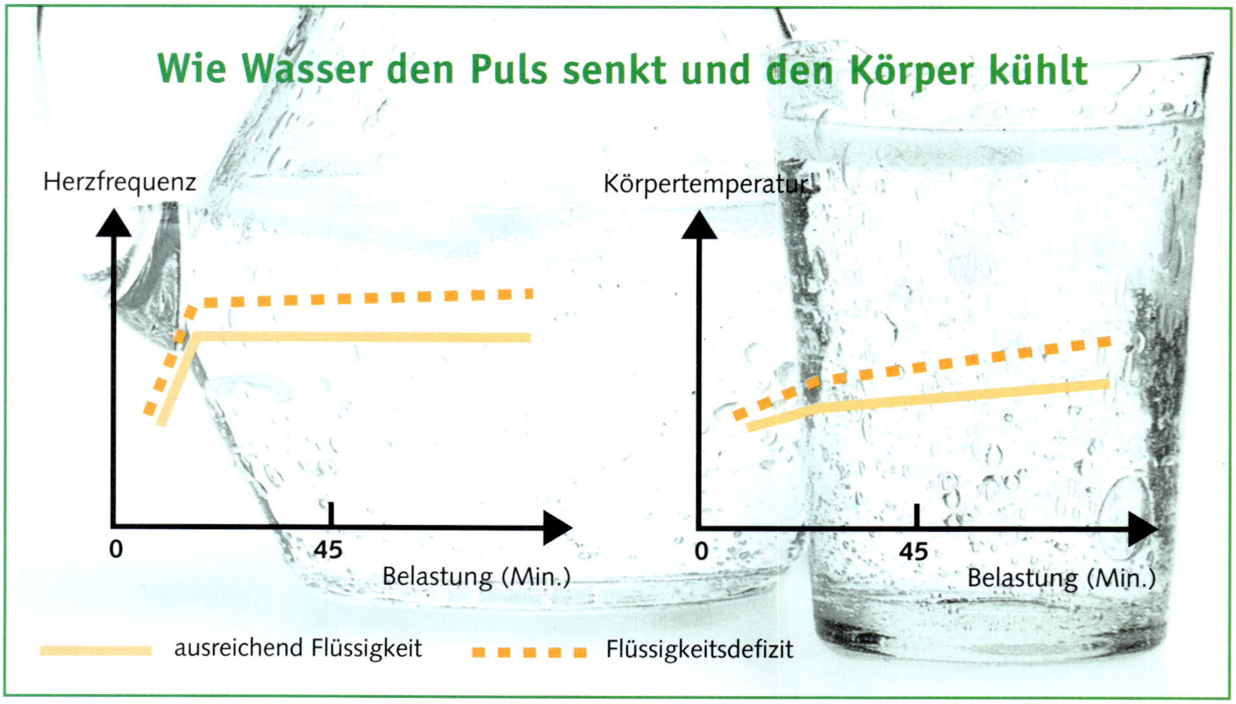

Der richtige Drink für Kicker

Nicht allein die Menge macht's! Viel trinken ist wichtig, aber es muß auch das Richtige sein. Favorit sind Saftschorlen, die aus einem Teil Obstsaft und drei Teilen Mineralwasser bestehen. Das Mineralwasser sollte dabei reich an Magnesium sein und etwa doppelt soviel Calcium enthalten wie Magnesium. Beim Saft bitte keinen Nektar oder gar Saftgetränke kaufen – die enthalten viel Zucker und Wasser. Besser und letztlich sogar billiger ist es, guten, hundertprozentigen Saft mit Mineralwasser zu vermischen.

Solche Saftschorlen löschen nicht nur den Durst, sie ersetzen die verlorengegangenen Mineralstoffe und die verbrauchten Kohlenhydrate auf optimale Art. Gute Durstlöscher im Alltag sind auch Gemüsesäfte, Früchte- und Kräutertees. Mit Calcium und anderen Mineralien gleichzeitig versorgt sich der Fußballer, wenn er Milch trinkt. Allerdings ist Milch kein Durstlöscher.

Was Limonaden und Kaffee bewirken

Limonaden hingegen sind, besonders kurz vor dem Spiel, ungünstig. Die enthaltenen Kohlenhydrate schießen zwar schnell ins Blut. Der Blutzuckerspiegel steigt rasant an, sinkt dann jedoch noch rasanter wieder ab – Müdigkeit und Konzentrationsschwäche folgen. Ebenfalls meiden sollte der Fußballer vor oder während der neunzig Minuten die Aufnahme von Koffein – also keinen Kaffee oder schwarzen Tee. Koffein wirkt harntreibend und kann das Flüssigkeitsdefizit noch vergrößern. Wenig sinnvoll sind auch die immer beliebter werdenden Sportler-Drinks. In ihnen steckt oftmals eine Überdosis an Mineralien, die der Körper nur schwer verwerten kann.

Ab und zu ist auch ein Glas Bier oder Wein okay. Aber Vorsicht, wenn Höchstleistungen vollbracht werden sollen. Und auch direkt nach einem Spiel. Alkoholische Getränke liefern zwar viel Energie, tragen jedoch nicht zur Regeneration bei. Deshalb sollte der erste Durst nach dem Spiel nicht mit einem alkoholischen Getränk gelöscht werden, sondern mit einer guten Saftschorle.

Oliver Kahn

Frühstück

Das Frühstück – die Initialzündung für den Tag

Wer den Tag ohne Frühstück beginnt, startet mit „halbleerem Tank", kann keine Topleistung vollbringen. Das Frühstück bietet die erste Gelegenheit des Tages, die Energiespeicher des Körpers aufzufüllen, denn auch während der Nachtruhe verbraucht unser Körper Energie, und die muß wieder zugeführt werden. Etwa ein Viertel der täglichen Energie sollte durch die erste Mahlzeit des Tages aufgenommen werden. Das richtige Frühstück muß komplett sein und mit allen Inhaltsstoffen versorgen.

Was morgens auf die Beine hilft

Für den Fußballer besonders wichtig ist natürlich die Extraportion an Kohlenhydraten. Aber auch hochwertiges, leicht verdauliches Eiweiß und pflanzliche Fette sind bedeutend für die Leistungsfähigkeit, weil sie die Energiespeicher auffüllen. Genauso braucht der Körper Vitamine und Mineralstoffe, die den Stoffwechsel ankurbeln, das Immunsystem stärken und für den Nervenaufbau sorgen.

Den besten Grundstock für eine ausreichende Zufuhr an Kohlenhydraten insgesamt legt ein Frühstück mit Lebensmitteln, in denen diese Fitmacher reichlich stecken. Müslis jeder Art und Vollkornbrote sollten deshalb beim Frühstück des Fußballers im Mittelpunkt stehen. Ganz besonders wichtig ist das nach einem Spiel, die Kohlenhydratspeicher des Körpers sind geleert, sie müssen wieder gefüllt werden. Und der Körper kann dies innerhalb von 15 Stunden nach einem Spiel am besten tun.

Müsli – der Frühstücks-Hit für Fußballer

In Müsli stecken reichlich Kohlenhydrate und Ballaststoffe. Müsli macht fit für den Tag und für jedes Spiel. Wer das Optimum erreichen will, kauft ganze Getreidekörner und schrotet, mahlt oder quetscht sie zu Flocken. Natürlich ist das mit einem kleinen Aufwand verbunden – aber der lohnt sich garantiert. Schnelle Alternative: eine fertige Müslimischung. Aber bitte eine, die weder Zucker- noch Honigzusätze enthält!

Das gesunde Fußballer-Frühstück für die ganze Familie

Gemeinsam den Tag beginnen und dabei etwas für Kraft und Ausdauer tun – was morgens auf den Tisch kommen sollte (für vier Personen):

4 Gläser Orangensaft
4 Müslibrötchen
100 g Nutella
80 g Butter oder Margarine
8 Scheiben Schweizer Käse
400 g Fruchtjoghurt oder Quark
500 g frisch angemachtes Müsli mit Früchten
Tee oder Kaffee

Jürgen Klinsmann

Frühstücksbuffet für Fußballteams – Tips von Fritz Westermann

Für das Buffet sollten stets regionale und saisonale Zutaten verwendet werden. Jeder Trainer und Verantwortliche wird bemüht sein, beste Zutaten abwechslungsreich zu präsentieren.
Dazu gehören

- Milch, Tee, frisch gepreßter Orangensaft, Kaffee
- frische Früchte der Saison und frisch zubereiteter Obstsalat (nur aus geschälten Früchten)
- Quark, Joghurt
- Honig, diverse Konfitüren, Nutella
- Rinderschinken, Rindersalami, roher und gekochter Schweineschinken, fettarme Wurstsorten
- verschiedene Käsesorten
- eventuell Rührei
- Müsli (ohne Zucker) zur eigenen Zusammenstellung oder fertig angemacht, eventuell Cornflakes
- verschiedene Vollkornbrote und -brötchen
- Butter, Margarine

Mehr Leistung durch Kohlenhydrate

Frühstück mit Ei
2 Scheiben Vollkornbrot
1 Tomate
1 Scheibe Edamer
Spiegelei mit Schinken

600 kcal

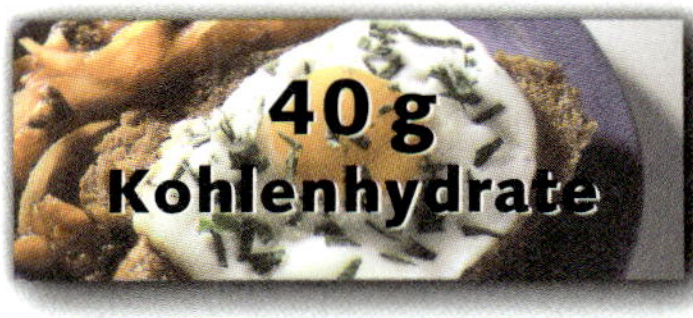

Müsli-Frühstück
50 g Müsli-Mischung
25 g Haselnüsse
15 g Sahne, 75 g Joghurt
1 Apfel, 1 Orange

600 kcal

Power-Frühstück
2 Scheiben Vollkornbrot
40 g Nutella
30 g Magerquark
1 Glas Orangensaft, 1 Banane

600 kcal

Apfel-Nuß-Nougat-Müsli

Zutaten für 1 Person

200 ml entrahmte Milch
1 EL Nutella
1 EL getrocknete Kokosraspel
1 Apfel
75 g ungesüßtes Müsli
2 EL leicht aufgeschlagene
Sahne (ersatzweise Sahnequark)
frische Beeren zum Anrichten
(z. B. Erdbeeren und Heidelbeeren)

1. Milch, Nutella und getrocknete Kokosraspel in eine Schüssel geben und mit dem Schneebesen glattrühren.
2. Den Apfel gut waschen, trockenreiben, bis auf das Kerngehäuse raspeln und zur Nußmilch geben. Das Müsli zugeben und verrühren. Die geschlagene Sahne leicht unterziehen.
3. In eine Müslischale geben und mit frischen Beeren garnieren.

Pro Portion etwa: 660 kcal, 103 g Kohlenhydrate, 19 g Eiweiß, 19 g Fett

Eine von vielen Ideen, wie man Abwechslung in das Frühstück bringen kann. Eine gesunde dazu, sind doch die wichtigen Vitamine und Mineralien in großer Menge enthalten.
Das Müslirezept können Sie ideal mit verschiedenen frischen Früchten der Saison erweitern.
Für die leichte Variante ersetzen Sie einfach die Sahne durch Joghurt.

Sprossen-Müsli

Zutaten für 1 Person

1 großer Apfel
150 g entrahmter Joghurt
1 EL flüssiger Blütenhonig
1 EL Haferflocken
2 EL frisch gekeimter Weizen
2 EL frisch gekeimter Roggen
2 EL Sonnenblumenkernsprossen
1 TL Sultaninen
1 EL gehackte Walnußkerne
1 EL Heidelbeeren zum Garnieren

1. Den Apfel gut waschen, trockenreiben und bis auf das Kerngehäuse raspeln, sofort mit dem Joghurt und dem Honig verrühren.
2. Flocken, Keime und Sprossen gut untermischen, dann auch die Sultaninen und die Walnüsse.
3. In eine Müslischüssel umfüllen und mit den Heidelbeeren garnieren.

Pro Portion etwa: 830 kcal, 95 g Kohlenhydrate, 36 g Eiweiß, 33 g Fett

Frische Sprossen und Keime sind wunderbare Lieferanten für Vitamine und Mineralstoffe, und sie sind ganz einfach aus den Körnern zu ziehen. Fragen Sie einmal im Reformhaus nach speziellen Keimgeräten, und bewundern Sie, wie rasant die Vitaminbomben wachsen. Für gesunden Nachschub ist somit auch ohne Einkaufsbummel stets gesorgt.

Ananas-Joghurt-Müsli

Zutaten für 1 Person

150 g entrahmter Joghurt
1 TL Honig
5 EL ungesüßtes Müsli
2 EL gehackte Nüsse
(z. B. Walnüsse oder Kürbiskerne, Sonnenblumenkerne)
2 Scheiben frische Ananas

1. Den Joghurt mit dem Honig in einer Schüssel glattrühren.
2. Das Müsli und 1 EL gehackte Nüsse untermengen.
3. Die Ananasscheiben kleinschneiden und ebenfalls untermengen. Alles auf einem Teller anrichten und mit 1 EL Nüssen bestreuen.

Pro Portion etwa: 520 kcal, 29 g Kohlenhydrate, 14 g Eiweiß, 39 g Fett

Müsli auf schnelle, unkomplizierte Art. Verwenden Sie stets eine ungesüßte Müsli-Mischung, nach Möglichkeit eine, die aus Zutaten aus biologischem Anbau zusammengesetzt ist. Andere Möglichkeit: Kombinieren Sie nach eigenem Geschmack verschiedene Flocken, Nüsse und Trockenfrüchte.

Frischkorn-Müsli

Zutaten für 1 Person

2 EL Gerstenkörner
2 EL Weizenkörner
2 EL Hafervollkornflocken
100 g entrahmter Joghurt
1 EL flüssiger Waldhonig
2 EL gemahlene Mandeln
1 großer Apfel
1 Banane
Saft von 1/2 Zitrone
einige Früchte zum Garnieren

1. Die Gersten- und die Weizenkörner in einer Getreidemühle grob schroten. In eine Schüssel geben und mit kaltem Wasser bedecken, zugedeckt 8 bis 10 Stunden im Kühlschrank einweichen. Die Haferflocken ebenfalls in etwas kaltem Wasser einweichen.
2. Gerste, Weizen und Haferflocken mit Joghurt, Honig und den gemahlenen Mandeln vermischen.
3. Den Apfel waschen und bis auf das Kerngehäuse raspeln, die Banane schälen und in Scheiben schneiden. Beides sofort mit Zitronensaft beträufeln und unter das Getreide mischen.
4. Auf einen Müsliteller geben und mit frischen Früchten garnieren.

Pro Portion etwa: 840 kcal, 136 g Kohlenhydrate, 22 g Eiweiß, 21 g Fett

Die Nummer 1 unter den Frühstücksmöglichkeiten. Frisch geschrotetes Getreide liefert Kohlenhydrate, Ballaststoffe und Mineralien beinahe im Überfluß. Obst sorgt für die Vitaminspritze, entrahmter Joghurt für leicht verdauliches Eiweiß.
Übrigens: Natürlich können Sie auch andere Getreidesorten schroten.

Joghurt-Müsli mit Sojasprossen

Zutaten für 1 Person

100 g entrahmter Joghurt
1 EL flüssiger Waldhonig
1 großer Apfel
1 Banane
Saft von 1/2 Zitrone
2–3 EL Sojasprossen
1 EL Sultaninen
2 entsteinte Trockenpflaumen
1 EL gehackte Walnüsse

1. In einer Schüssel den Joghurt mit dem Honig glattrühren.
2. Den Apfel waschen und bis auf das Kerngehäuse raspeln, die Banane schälen und in Scheiben schneiden. Beides sofort mit Zitronensaft beträufeln und unter die Joghurtmasse mengen.
3. Die Sprossen ebenfalls unter den Joghurt mischen.
4. Das Müsli auf einem tiefen Teller anrichten, mit den Sultaninen, Pflaumen und Walnüssen garnieren.

Pro Portion etwa: 710 kcal, 122 g Kohlenhydrate, 15 g Eiweiß, 15 g Fett

Dieses Müsli ist sehr reich an Kohlenhydraten, ideal also, um den Speicher am Morgen nach einem Spiel wieder aufzufüllen.
Besonders wertvoll sind die Sojasprossen darin. Sie enthalten hochwertiges Eiweiß, viele Kohlenhydrate, reichlich Calcium, Kalium, Magnesium und Eisen.

Früchte-Müsli

Zutaten für 1 Person

5 EL ungesüßtes Müsli
200 ml fettarme Milch
1 Apfel
1 Banane
2 Pflaumen
$^{1}/_{2}$ EL flüssiger Honig
1 EL grobgemahlene Walnüsse
3 EL Sahne
2 frische Erdbeeren
1 EL Heidelbeeren

1. Das Müsli mit der Milch verrühren. Den Apfel waschen, trockenreiben und bis auf das Kerngehäuse raspeln. Sofort unter das Müsli mischen, damit er nicht braun wird. Die Banane schälen und in dünne Scheiben schneiden, ebenfalls sofort mit dem Müsli vermengen.

2. Die Pflaumen waschen, entsteinen und in Spalten schneiden, zusammen mit dem flüssigen Honig, den Walnüssen und der Sahne (am besten geschlagen) unter das Müsli mischen.

3. Das Müsli auf einem tiefen Teller anrichten, nach Belieben mit den frischen Beeren garnieren.

Pro Portion etwa: 820 kcal, 109 g Kohlenhydrate, 20 g Eiweiß, 32 g Fett

Machen Sie es wie die Profis: Starten Sie mit dem Lieblingsmüsli der Fußballstars in den Tag. Müsli und Banane liefern die wichtigen Kohlenhydrate, Milch das wertvolle Eiweiß. Frische Früchte versorgen den Fußballer mit einer Extraportion an Vitaminen und Mineralstoffen – bei allen wichtigen Vertretern ist nahezu der halbe Tagesbedarf mit diesem Frühstück gedeckt.

Schinkenbrot mit Spiegelei

Zutaten für 1 Person

1 EL Butter
1 Ei
Jodsalz
schwarzer Pfeffer aus der Mühle
1 Scheibe Sonnenblumenkernbrot
(etwa 45 g; möglichst Vollkorn)
1 EL Speisequark
3 Scheiben Rindersaftschinken
(oder gekochter Schinken; etwa 60 g)
Petersilie zum Garnieren

1. Die Butter in einer Pfanne erhitzen, das Ei hineingleiten lassen, zum Spiegelei braten und mit Salz und Pfeffer aus der Mühle würzen.
2. Die Brotscheibe mit dem Quark bestreichen, würzen und auf einen Teller geben. Mit den Schinkenscheiben belegen, dann das Spiegelei darauf geben. Mit Petersilie garnieren.

Pro Portion etwa: 440 kcal, 21 g Kohlenhydrate, 24 g Eiweiß, 29 g Fett

Wer gern Eier zum Frühstück ißt, sollte sie stets mit Vollkornbrot kombinieren und so auch die für den Fußballer wichtigen Kohlenhydrate genießen.

Mozzarella-Tomaten-Brot

Zutaten für 1 Person

1 Scheibe Roggenvollkorn-
brot (etwa 45 g)
1 EL Crème fraîche
125 g Mozzarella
1 Tomate
Jodsalz
schwarzer Pfeffer aus der Mühle
frisches Basilikum

1. Die Brotscheibe mit Crème fraîche bestreichen.
2. Den Mozzarella abtropfen lassen und in Scheiben schneiden. Die Tomate gründlich waschen und ohne den Stielansatz ebenfalls in Scheiben schneiden.
3. Das Brot im Wechsel mit Tomaten- und Mozzarellascheiben belegen und mit Salz und Pfeffer aus der Mühle würzen.
4. Das Basilikum waschen, trockenschütteln und nach Belieben in feine Streifen schneiden oder als ganze Blättchen auf das Brot geben.

Pro Portion etwa: 600 kcal, 22 g Kohlenhydrate, 33 g Eiweiß, 42 g Fett

Die als Salat so beliebte Kombination aus Tomaten und Mozzarella hier einmal auf Brot gelegt. Da reichlich Calcium, der Knochenbaustoff, enthalten ist, ein geeignetes Frühstück für Junioren.

Leinsamenbrot mit Geflügelpastete

Zutaten für 1 Person

2 Scheiben Leinsamenbrot
(je etwa 30 g; möglichst Vollkorn)
4 EL Magerquark
4 Salatblätter
60 g Radieschensprossen
2 EL gehackte Kürbiskerne
100 g Geflügelpastete
(in dünnen Scheiben)
1 EL gehackte Petersilie
1/2 Tomate

1. Die Brotscheiben mit dem Quark bestreichen.
2. Die Salatblätter kalt abbrausen, gut abtropfen lassen und in feine Streifen schneiden. Salat, Sprossen und die Kürbiskerne auf dem Brot verteilen.
3. Mit Geflügelpastete belegen und mit Petersilie und Tomatenspalten garnieren.

Pro Portion etwa: 420 kcal, 24 g Kohlenhydrate, 30 g Eiweiß, 22 g Fett

Frische Radieschensprossen und Salatblätter sorgen nicht nur für feinen Geschmack, sondern liefern auch wichtige Vitamine wie das Vitamin C.

Fruchtig-nussiges Mehrkornbrötchen

Zutaten für 1 Person

1 Mehrkornbrötchen
(etwa 60 g; möglichst Vollkorn)
1 kleine Banane
1 kleine Kiwi
2 EL Nutella
1 EL Rosinen
2 Walnußkerne

1. Das Brötchen halbieren. Die Banane und die Kiwi schälen und in Scheiben schneiden.
2. Beide Brötchenhälften mit Nutella bestreichen, mit Bananen- und Kiwischeiben belegen. Mit Rosinen und Walnußkernen garnieren.

Pro Portion etwa: 650 kcal, 124 g Kohlenhydrate, 12 g Eiweiß, 9 g Fett

Lecker auch diese süße Frühstücksidee: ein Müslibrötchen halbieren, mit 2 EL Nutella bestreichen. Jede Hälfte mit einer Scheibe Ananas belegen.
Pro Portion liefert dieses Brötchen ungefähr 400 kcal, 75 g Kohlenhydrate, 8 g Eiweiß, 6 g Fett.
Übrigens sind beide Varianten reich an Eisen und Magnesium.

utella

Zwischen-mahlzeiten

Zwischenmahlzeiten – Geheimwaffe gegen den Tiefpunkt

Sie sind oft nur ein „Bißchen" – aber sie können sehr wichtig sein und mitunter über Sieg oder Niederlage entscheiden: Zwischenmahlzeiten. Ihre zündende Wirkung wird leider noch immer allzuoft unterschätzt. Jeder weiß aus eigener Erfahrung, daß er im Laufe eines Tages Höhen und Tiefen durchlebt. Die Leistungsfähigkeit ist zu einer bestimmten Zeit am höchsten, dann fällt sie wieder in ein tiefes Loch. Stichwort: persönlicher Biorhythmus, ein geheimnisvoller „Schrittmacher" im Zwischenhirn – unsere innere Uhr. Sie tickt bei jedem, und sie arbeitet sehr zuverlässig im 24-Stunden-Rhythmus. Sie reguliert alles in uns: Körpertemperatur, Herzfrequenz, Blutdruck und auch Stimmungen und Verhalten. Sie entscheidet, wie wir uns fühlen, wann wir besonders wach, rege, belastbar sind oder träge, gereizt, müde. Ein Botenstoff namens Noradrenalin, der vom Nebennierenmark produziert wird, sorgt für die natürlichen Hochs und Tiefs des Körpers. Die meisten erreichen ihr körperliches und geistiges Leistungshoch vormittags gegen elf Uhr, danach sinkt die Leistungsfähigkeit und steigt kurz wieder (Zwischenhoch am Nachmittag) und fällt und fällt. Nachts um drei ist dann der absolute Tiefpunkt.

Wir können diese natürliche Leistungskurve durchaus beeinflussen: durch mehr Cleverneß bei der Energiezufuhr. Die klassische Ernährungsweise (drei Hauptmahlzeiten) verstärkt nämlich unsere Tiefpunkte. Das Frühstück liefert die erste Energie des Tages. Sind diese Energiequellen verbraucht, sinkt die Leistungsfähigkeit. Auch nach dem Mittagessen sackt die Leistungskurve wieder rapide ab, ehe wir sie durch das Abendessen erneut ansteigen lassen.

Aus drei mach fünf

Durch rechtzeitige und richtige Zwischenmahlzeiten können wir unsere Leistungstiefs verringern. Zwischenmahlzeiten als Energiespritze: Sie versorgen das Gehirn und ermöglichen so eine längere, konstantere Leistungsfähigkeit. Zudem garantiert eine über den Tag verteilte Nährstoffzufuhr die bessere Aufnahme von lebenswichtigen Vitaminen und Mineralstoffen.

Ernährungswissenschaftler empfehlen deshalb seit langem nicht nur die üblichen drei, sondern mindestens fünf Mahlzeiten am Tag. Natürlich sind dabei nicht fünf üppige Mahlzeiten gefragt – die würden dick und schlapp machen. Zwischendurch bieten sich Kleinigkeiten voller Vitamine und Ballaststoffe an, aber nicht allzu kalorienreich!

Fit zur rechten Zeit

Für den erfolgsgewillten Fußballer ist solch eine gleichmäßige Energiezufuhr besonders wichtig, nur sie garantiert die optimale Leistungsfähigkeit. Vor dem Spiel oder Training sollen die Glykogenspeicher, also die Energiereserven, bestens gefüllt sein. Andernfalls sinkt der Blutzuckerspiegel im Nu tief in den Keller, Konzentrationsschwäche und Leistungstief sind die unvermeidliche Folge.

Der kluge Spieler genießt rechtzeitig eine kleine Zwischenmahlzeit und füllt so seine Speicher. Zu empfehlen sind Joghurt, Quark & Co. ebenso wie Früchte, beispielsweise eine Banane, aber auch ein Müsliriegel, eine Milch-Schnitte oder ein leckeres Sandwich. Lassen Sie sich von den Rezepten auf den nächsten Seiten anregen. Ein Sandwich kann immer wieder anders aussehen. In keinem Land gibt es so viele leckere Brotsorten wie bei uns, für Abwechslung ist gesorgt. Der Fußballer sollte natürlich Vollkornbrot und Vollkornbrötchen bevorzugen – der gesunden Nährstoffe wegen. Auch beim Belag ist das Angebot unbegrenzt. Ob süß oder pikant, herzhaft mit Salaten, Wurst und Käse oder süß mit Quark, Nutella oder Marmelade – Ihr Geschmack entscheidet.

Das bringt Abwechslung: Streuen Sie mal einige gehackte Nüsse aufs Brot, sie sorgen für zusätzlichen Biß, oder frisch gehackte Kräuter – die bringen viel Geschmack und noch mehr Vitamine.

Andreas Möller

Kleine Energiespritzen für zwischendurch & unterwegs

Ob Training, Schule oder Büro – oftmals sind Zwischenmahlzeiten genau dann angesagt, wenn man nicht zu Hause ist. Kein Problem für den, der ein wenig plant und sich die Energiespritze mitnimmt.

- Nur wenige Lebensmittel sind von Natur aus so verpackt, und robust, daß sie einen Transport und eine längere Aufbewahrung unbeschadet überstehen. Wenn es jedoch ganz schnell gehen muß und dennoch gesund sein soll, nehmen Sie Äpfel, Birnen und Bananen mit. Auch eine Milch-Schnitte oder ein Müsliriegel sorgen unterwegs für Energie, ohne daß Verpackung notwendig ist. Wer Joghurt oder Quark mitnehmen will, sollte den Löffel nicht vergessen.
- Besonders gut jedoch eignet sich ein Sandwich. Das können Sie im Nu zubereiten und rasch verpacken, bevor Sie das Haus verlassen.

Damit das Sandwich auch nach einer stundenlangen Aufbewahrung in der Tasche appetitlich aussieht und schmeckt, sollten Sie diesen Aspekt bei der Auswahl bedenken. Vollkornbrote und Vollkornbrötchen sind einfach robuster und haltbarer als helle Weizenbrötchen, die nach einigen Stunden meist lasch und pappig schmecken. Wie gut, daß die Vollkornvariante vom Fußballer ohnehin bevorzugt wird. Auch beim Belag können und sollten Sie an den Transport und die Aufbewahrung denken. Eisbergsalat behält länger seinen Biß als der gewohnte Kopfsalat. Gekochter Schinken verdirbt schneller – vor allem an warmen Tagen – als Rohschinken oder Salami. Sehr fetter Käse, aber auch Camembert werden bei Wärme weich und laufen aus dem Sandwich heraus, besser eignet sich halbfetter Schnittkäse.

- Ein weiterer Aspekt ist zu bedenken: Das Sandwich muß den Transport unbeschadet überstehen, es muß also gut verpackt werden. Am besten Sie schaffen sich eine leichte, feste Vorratsdose an, in die ein großes Sandwich problemlos hineinpaßt. Die können Sie immer wieder verwenden, und das Sandwich bleibt darin garantiert heil. Andere Möglichkeit: Das Sandwich in Pergamentpapier wickeln und in einen Plastikbeutel geben. Auf Alufolie hingegen sollten Sie der Umwelt zuliebe verzichten.

Bauernomelette

Zutaten für 1 Person

150 g gekochte, geschälte Kartoffeln
20 g durchwachsener Speck
40 g gekochter Schinken
1 Zwiebel
1–2 Petersilienstiele
1/2 Bund Schnittlauch
Jodsalz
schwarzer Pfeffer aus der Mühle
2 Eier

1. Die Kartoffeln in Scheiben schneiden, den Speck und den Schinken in kleine Würfel schneiden. Die Zwiebel schälen und ebenfalls in kleine Würfel schneiden. Die Petersilie waschen und kleinhacken, den Schnittlauch waschen und in feine Röllchen schneiden.
2. Den Speck in einer beschichteten Pfanne hellbraun anrösten. Die Kartoffeln und die Zwiebeln dazugeben und gut anbraten, dann auch die Schinkenwürfel dazugeben. Mit Salz und Pfeffer würzen.
3. Die Eier in einer Schüssel verquirlen, Schnittlauch und Petersilie unterrühren. Über die Kartoffeln geben und alles in der Pfanne zwei- bis dreimal durchschwenken. Zu einem Omelette formen, gut anbräunen lassen, auf einen Teller stürzen und mit Salaten servieren.

Pro Portion etwa: 530 kcal, 28 g Kohlenhydrate, 29 g Eiweiß, 34 g Fett

Eine gute kleine Mahlzeit nach einem Spiel, da Kohlenhydrate, gesundes Eiweiß und reichlich Vitamine und Mineralstoffe enthalten sind. Viel Kalium liefert dieses Omelette allerdings nur, wenn Sie die Kartoffeln ungeschält in wenig Wasser gekocht oder, noch besser, gedämpft haben. Kalium ist wasserlöslich und wird beim Kochen aus geschälten oder stark zerkleinerten Zutaten ausgeschwemmt.

Quiche Lorraine

Zutaten für 4 Personen

Für den Mürbeteig:
100 g Mehl, 50 g kalte Butter
Jodsalz, 1 kleines Ei
1 EL kaltes Wasser
Für den Belag:
1 große Zwiebel
50 g geräucherter Bauchspeck
80 g gekochter Schinken
100 g Emmentaler
1 EL Schnittlauchröllchen
1 EL gehackte Petersilie
3 Eier, 125 g Sahne
Jodsalz
Paprikapulver (edelsüß)

1. Für den Mürbeteig das Mehl mit der Butter und einer Prise Salz mischen. Ei und Wasser mit einem Schneebesen kurz aufschlagen, zur Mehlmischung geben und alles rasch zu einem glatten Teig verkneten. Mindestens 1 Stunde zugedeckt kalt stellen.
2. Den Backofen auf 200° C vorheizen. Den Teig zwischen zwei Lagen Klarsichtfolie dünn ausrollen. Eine Quicheform (Ø etwa 24 cm) dünn mit dem Teig auskleiden. Den Rand mit einem Messer glattschneiden. Im Ofen etwa 5 Minuten vorbacken.
3. Inzwischen für den Belag die Zwiebel schälen und in kleine Würfel schneiden. Speck, Schinken und den Käse ebenfalls in kleine Würfel schneiden.
4. In einer Pfanne den Speck und die Zwiebeln leicht anbraten. Mit Schinken, Käse und den Kräutern mischen und auf den vorgebackenen Teig geben.
5. Die Eier mit der Sahne verquirlen, mit Salz und Paprika würzen und in die Form gießen. Im Ofen noch 20 bis 25 Minuten backen.

Pro Portion etwa: 590 kcal, 21 g Kohlenhydrate, 23 g Eiweiß, 46 g Fett

Die Quiche deckt pro Portion etwa 40 Prozent des Tagesbedarfs an Calcium, das für die Knochen, aber auch für Muskeln und Nerven wichtig ist.
Schmeckt sehr lecker, ist aber wegen des relativ hohen Fettgehaltes kein Gericht für jeden Tag.

Salami-Pizza

Zutaten für 4 Personen

Für den Teig:

200 ml lauwarmes Wasser

30 g frische Hefe, 1 Prise Zucker

je 250 g Weizen- und Roggenmehl

1/2 TL Jodsalz

Für den Belag:

2 Knoblauchzehen, 2 EL Olivenöl

250 g Pizzatomaten (aus der Dose)

etwas Oregano und Rosmarin

8 Basilikumblättchen

200 g Salami (in dünnen Scheiben)

500 g Mozzarella in Scheiben

1. Für den Teig das Wasser in eine Schüssel geben, die Hefe hineinbröckeln. Zucker und etwa 100 g Mehl dazugeben, alles zu einem glatten Brei verrühren und zugedeckt einige Minuten gehen lassen.
2. Das restliche Mehl und Salz dazugeben, alles zuerst in der Schüssel, dann mit den Händen auf der Arbeitsfläche gründlich verkneten. Den Teig in der Schüssel mit einem Tuch abdecken und an einem warmen Ort ruhen lassen, bis er sein Volumen verdoppelt hat.
3. Den Backofen auf 225° C vorheizen. Den Teig vierteln, jede Portion noch einmal gründlich durchkneten. Zu dünnen, etwa 25 cm großen Kreisen ausrollen und auf mit Öl bestrichene Bleche oder in Pizzaformen legen. Rundherum einen kleinen Rand hochdrücken.
4. Für den Belag den Knoblauch schälen und zerdrücken, mit dem Olivenöl verrühren. Mit einem Backpinsel auf die Pizzen streichen.
5. Die Pizzen gleichmäßig mit Tomatenstücken belegen, mit Oregano und Rosmarin bestreuen. Die Salami- und die Mozzarellascheiben auf die Pizzen legen.
6. Die Pizzen auf der untersten Schiene im Backofen etwa 15 Minuten backen. Mit Basilikumblättchen garnieren und sehr heiß servieren.

Pro Portion etwa: 920 kcal, 87 g Kohlenhydrate, 47 g Eiweiß, 42 g Fett

Eine Portion Pizza ist zwar nicht gerade kalorienarm, deckt aber den Tagesbedarf an Vitamin B_1, mit dessen Hilfe unser Körper Energie aus den aufgenommenen Kohlenhydraten gewinnen kann.

Club Sandwich

Zutaten für 1 Person

2 dünne Scheiben magerer Speck

4 Kopfsalatblätter

3 Scheiben Toastbrot

(möglichst Vollkorn)

100 g gebratene Hühnerbrust

1 EL Mayonnaise

1. Die Speckscheiben ohne Fett in einer Pfanne knusprig braten.
2. Den Kopfsalat waschen und trockenschwenken.
3. Die Toastbrote rösten. Die erste Scheibe Toast mit der Hälfte der in Scheiben geschnittenen Hühnerbrust belegen, darauf 2 Salatblätter und etwas Mayonnaise geben.
4. Eine Speckscheibe auf die Salatblätter geben, mit der zweiten Toastbrotscheibe bedecken. Die übrigen Zutaten in der gleichen Reihenfolge aufeinanderlegen und mit der dritten Toastbrotscheibe abschließen. Das Sandwich am besten lauwarm servieren.

Pro Portion etwa: 630 kcal, 44 g Kohlenhydrate, 32 g Eiweiß, 36 g Fett

Wenn Sie die Mayonnaise durch Joghurt ersetzen, reduziert sich die Kalorienzahl auf etwa 440 pro Portion. Den Gehalt an wertvollen langkettigen Kohlenhydraten können Sie zusätzlich erhöhen, wenn Sie Vollkorntoastbrot verwenden.

Blini mit Räucherlachs

Zutaten für 4 Personen

150 ml Milch
10 g frische Hefe
1/2 TL Jodsalz
1 TL Zucker
1 Eigelb
3 EL Crème fraîche
200 g Buchweizenmehl
1 Eiweiß
100 g Räucherlachs
3 EL Butter

1. Die Milch in einem kleinen Topf oder in einem Schälchen in der Mikrowelle leicht erwärmen. Die Hefe hineinbröckeln und mit der Milch glattrühren, dann das Salz, den Zucker, das Eigelb und 1 EL Crème fraîche unterrühren.
2. Das Buchweizenmehl in eine Schüssel geben, die Hefemilch dazugeben. Alles zu einem glatten Teig verkneten und diesen zugedeckt etwa 15 Minuten gehen lassen.
3. Das Eiweiß zu steifem Schnee schlagen, den Lachs in ganz kleine Würfel schneiden. Beides leicht unter den Teig mengen.
4. In einer beschichteten Pfanne etwas Butter zerlassen. Nach und nach 16 bis 18 kleine Plätzchen (etwa 6 cm groß) aus dem Teig backen.
5. Die restliche Crème fraîche zu den Blini servieren. Dazu einen bunten Salatteller reichen.

Pro Portion etwa: 400 kcal, 43 g Kohlenhydrate, 12 g Eiweiß, 20 g Fett

Buchweizen ist sehr gesund und überrascht durch seinen nussigen Geschmack. Durch den hohen Gehalt an den Eiweißbausteinen Lysin und Tryptophan sowie an Lecithin ist er Gehirn- und Nervennahrung, er steigert die Leistungsfähigkeit des Fußballers.

Graved Lachs mit Dill-Senf-Sauce

Zutaten für 8 Personen

1 kg Lachsfilet
(küchenfertig vorbereitet; mit Haut)
1 Lorbeerblatt, 1 EL Wacholderbeeren
80 g Jodsalz, 60 g Zucker
2–3 Bund Dill
Saft von 1/2 Zitrone, 1 EL Olivenöl
Für die Sauce:
8 EL süßer Senf
4 EL Crème fraîche
3–4 EL gehackter Dill

1. Vom Lachsfilet die feinen Gräten mit einer Pinzette herausziehen. Die Lachsseite kalt abwaschen und mit Küchenpapier abtrocknen.
2. Das Lorbeerblatt und die Wacholderbeeren fein hacken oder mahlen. Mit Salz und Zucker mischen. Den Dill waschen, trockenschütteln, dicke Stiele entfernen und den Rest hacken.
3. Die Hälfte des Salz-Zucker-Gemisches und des Dills auf eine Platte streuen. Lachs mit der Hautseite darauf legen, die Lachsoberseite mit der restlichen Salzmischung und dem Dill bestreuen. Mit Zitronensaft und Öl beträufeln, danach mit einer Plastikfolie abdecken, mit einer zweiten Platte beschweren und kalt stellen (bei 5° bis 6° C). Zwei Tage ziehen lassen, dabei den Lachs alle 12 Stunden wenden.
4. Dillbeize abschaben oder abwaschen und den Lachs abtrocknen. Den Lachs in ganz feine Scheiben schneiden. Süßen Senf durch ein Haarsieb streichen, mit Crème fraîche und Dill mischen. Zum Lachs servieren. Dazu paßt sehr gut Stangenbrot oder kleine Rösti.

Pro Portion etwa: 230 kcal, 8 g Kohlenhydrate, 23 g Eiweiß, 11 g Fett

Meeresfisch sollte mindestens zweimal in der Woche auf den Tisch kommen. Lachs ist dabei nicht nur Lieferant von Jod für den Aufbau des Schilddrüsenhormons und damit wichtig für den Energiestoffwechsel, er versorgt unseren Körper zugleich mit Omega-3-Fettsäuren, die Herz und Nerven schützen und den Cholesterinspiegel senken. Um den insgesamt jedoch hohen Fettanteil zu reduzieren, am besten eine kohlenhydratreiche Beilage dazu reichen.

Haselnußbrot mit Ricotta

Zutaten für 1 Person

10 Basilikumblättchen
1–2 Petersilienstiele
1/2 Bund Schnittlauch
2 EL Ricotta
Selleriesalz
Pfeffer aus der Mühle
2 Scheiben Haselnußbrot (etwa 60 g)
einige Radieschensprossen
(ersatzweise Kresse)
2 Tomatenscheiben

1. Die Kräuter waschen, trockenschütteln und hacken oder fein schneiden. Mit Ricotta vermischen und mit Salz und Pfeffer abschmecken.
2. Die Brotscheiben mit Ricotta bestreichen und mit Radieschensprossen und Tomatenscheiben belegen, zusammenklappen und leicht andrücken.

Pro Portion etwa: 140 kcal, 24 g Kohlenhydrate, 8 g Eiweiß, 1 g Fett

Ricotta ist ein weißer Molkekäse mit mild-nussigem Aroma. Die italienische Spezialität ist auch bei uns erhältlich, kann aber für dieses Sandwich gut durch Quark oder Frischkäse ersetzt werden.
Reichlich frische Kräuter liefern bei diesem Sandwich gesunde Vitamine und Mineralstoffe – vorausgesetzt, sie werden frisch gehackt und sofort verwendet. Eine gute Alternative bieten Tiefkühlkräuter.

Früchtebrot mit Bananen

Zutaten für 1 Person

1 EL Crème fraîche
1 TL flüssiger Honig
2 Scheiben Früchtebrot
(etwa 80 g; möglichst Vollkorn)
1/2 Banane
etwas Zitronensaft

1. Die Crème fraîche mit dem Honig verrühren. Die Brotscheiben damit bestreichen.
2. Die Banane schälen und in Scheiben schneiden, mit etwas Zitronensaft beträufeln und auf eine der beiden Brotscheiben legen.
3. Die zweite Brotscheibe darauf legen und leicht andrücken.

Pro Portion etwa: 470 kcal, 61 g Kohlenhydrate, 7 g Eiweiß, 22 g Fett

Roggenstange mit Käse und Pfirsich

Zutaten für 1 Person

1 Roggenstange
(etwa 70 g; möglichst Vollkorn)
1 EL Butter
50 g Edamer in Scheiben
1 Pfirsich

1. Die Roggenstange der Länge nach halbieren. Beide Hälften mit Butter bestreichen und mit Käse belegen.
2. Den Pfirsich waschen, abtrocknen, entsteinen und in Spalten schneiden.
3. Die Pfirsichspalten auf die untere Brötchenhälfte legen, mit der oberen Brötchenhälfte abdecken.

Pro Portion etwa: 480 kcal, 43 g Kohlenhydrate, 19 g Eiweiß, 26 g Fett

Avocados mit Crevetten

Zutaten für 4 Personen

300 g geschälte, gekochte Crevetten
2 Avocados (je etwa 250 g)
4 Dillzweige
150 g Joghurt (10 % Fett)
2 EL Crème fraîche
8 EL Tomatenketchup
2 EL Zitronensaft
2 EL Weinbrand
1 Prise Selleriesalz
schwarzer Pfeffer aus der Mühle
Zum Anrichten:
4 Salatblätter
4 Dillzweige
4 Vollkornbrötchen (je etwa 60 g)

1. Die Crevetten in einem Sieb kalt abbrausen und gut abtropfen lassen.
2. Die Avocados halbieren und die Steine entfernen. Das Fruchtfleisch mit einem Eßlöffel aus der Schale lösen und in gleich große Würfel schneiden.
3. Den Dill waschen, Spitzen abzupfen und hacken, mit Joghurt, Crème fraîche, Ketchup, Zitronensaft und Weinbrand verrühren, mit Selleriesalz und Pfeffer aus der Mühle abschmecken.
4. Das gewürfelte Avocadofruchtfleisch und die Crevetten vorsichtig unter die Sauce mischen. Alles in die Avocadohälften füllen. Je ein Salatblatt auf die Teller verteilen, die Avocadohälften darauf setzen und mit Dillzweigen garnieren.
Dazu jeweils ein Vollkornbrötchen reichen.

Pro Portion etwa: 500 kcal, 39 g Kohlenhydrate, 25 g Eiweiß, 26 g Fett

Avocados sind zwar fettreich, sie enthalten jedoch eine gehörige Portion an gesunden ungesättigten Fettsäuren, die wir unserem Körper unbedingt mit den Speisen zuführen müssen. Zudem stecken in Avocados reichlich weitere wertvolle Stoffe wie Vitamin B. Der siegeswillige Fußballer sollte sie also häufig genießen.

Matjesfilet mit Orangen

Zutaten für 4 Personen

8 Matjesfilets (etwa 260 g)
1 Orange
125 g entrahmter Joghurt
2 EL Tomatenketchup
2 EL Sahne
2 EL Weinbrand
Jodsalz
Zucker
Außerdem:
Salatblätter zum Anrichten
4 Dillzweige zum Garnieren

1. Die Matjesfilets kalt abbrausen, abtrocknen und in jeweils 3 Stücke schneiden.
2. Die Orange sorgfältig schälen, dabei die weiße Außenhaut vollständig entfernen. Dann die Fruchtfilets zwischen den Trennhäutchen herausschneiden.
3. Den Joghurt mit Tomatenketchup, Sahne und Weinbrand glattrühren, mit je einer Prise Salz und Zucker abschmecken.
4. Matjesstücke und Orangenfilets vorsichtig unter die Joghurtsauce mischen.
5. Vier Teller mit etwas Salat auslegen, den Matjessalat darauf geben. Mit je einem Dillzweig garnieren.

Pro Portion etwa: 250 kcal, 7 g Kohlenhydrate,
13 g Eiweiß, 17 g Fett

Während der Matjessaison von Mai bis Juni sollten Sie natürlich frische Matjes (junge, noch nicht geschlechtsreife Heringe) verwenden. Im Handel werden das ganze Jahr über Heringe nach Matjesart angeboten.

Matjesfilet mit Oliven

Zutaten für 4 Personen

2 EL Himbeeressig
Jodsalz
schwarzer Pfeffer aus der Mühle
1 TL Senf
2 EL kaltgepreßtes Olivenöl
100 g grüne Paprikaschote
100 g entsteinte grüne
oder schwarze Oliven
1 Zwiebel
1 Tomate
8 Matjesfilets (etwa 260 g)
einige frische Petersilienstiele

1. Den Himbeeressig mit Salz, Pfeffer, Senf und dem Olivenöl glattrühren.
2. Die Paprikaschote und die Oliven in feine Streifen oder Scheiben schneiden. Die Zwiebel schälen und in kleine Würfel schneiden, die Tomate ebenfalls in kleine Würfel schneiden. Alles mit dem Dressing mischen.
3. Die Matjesfilets auf Tellern anrichten, das Gemüsedressing darüber verteilen. Mit Petersilie garnieren.

Pro Portion etwa: 270 kcal, 3 g Kohlenhydrate,
13 g Eiweiß, 23 g Fett

Frisches Gemüse sorgt hier für eine gute Portion an Vitamin C, allerdings nur, wenn es frisch eingekauft und verarbeitet wird. Durch lange Lagerung gehen große Teile dieses Schutzvitamins verloren.

Krabbenbrote

Zutaten für 4 Personen

2 Petersilienstiele
1/2 Bund Schnittlauch
8 Eier
200 g geschälte Nordseekrabben
1 EL gehackter Sauerampfer
1 EL gehacktes Basilikum
Jodsalz
weißer Pfeffer aus der Mühle
4 EL Butter
4 Scheiben Siebenkornbrot oder
anderes Vollkornbrot (je etwa 30 g)
Zum Garnieren:
1 Tomate
8 Salatblätter

1. Die Petersilie waschen und kleinhacken, den Schnittlauch waschen und in feine Röllchen schneiden.
2. Die Eier gut mit einem Schneebesen verquirlen. Die Krabben in einem Sieb kalt abwaschen und abtropfen lassen, zusammen mit den Kräutern zu den Eiern geben. Mit etwas Salz und Pfeffer aus der Mühle würzen.
3. Die Butter in einer großen beschichteten Pfanne zerlassen. Die Eiermischung hineingeben und stocken lassen, dabei gelegentlich umrühren.
4. Das Rührei auf die Brotscheiben geben, mit Tomate und jeweils 2 Salatblättern anrichten.

Pro Portion etwa: 340 kcal, 14 g Kohlenhydrate, 27 g Eiweiß, 20 g Fett

Nordseekrabben liefern, wie alle Meerestiere, viel Jod und sollten, da es vielen Menschen in Deutschland an diesem Mineralstoff mangelt, häufig auf den Tisch kommen. Daneben enthalten sie auch viel Eisen, so daß der Tagesbedarf mit einer Portion nahezu zur Hälfte gedeckt wird.

Frühlingsrollen

Zutaten für 4 Personen

1 kleine Lauchstange
1 Möhre
1 Zwiebel
250 g Sojasprossen
2 EL Sesamöl
250 g Rinderhackfleisch
Jodsalz
Pfeffer aus der Mühle
Sojasauce, Chilisauce, Sambal Manis
16 große, runde Reisteigplatten
Außerdem:
Öl zum Ausbacken
Soja- oder Chilisauce zum Servieren

1. Den Lauch und die Möhre waschen, putzen. Möhre in sehr feine Stifte, den Lauch in feine Streifen schneiden. Die Zwiebel schälen und in kleine Würfel schneiden. Die Sojasprossen kalt abbrausen, gut abtropfen lassen.
2. Das Öl in einer Pfanne leicht erhitzen, die Zwiebeln darin goldgelb anrösten. Lauch- und Möhrenstifte sowie die Sojasprossen dazugeben und kurz garen, dann abkühlen lassen.
3. Das vorgegarte Gemüse in einer Schüssel mit dem Hackfleisch vermengen, mit Salz, Pfeffer, Sojasauce, Chilisauce und Sambal Manis abschmecken.
4. Nacheinander die Reisteigplatten kurz in kaltem Wasser einweichen, bis sie sich gut biegen lassen.
5. Für jede Frühlingsrolle zwei Reisteigplatten übereinanderlegen, 2 bis 3 EL Füllung in der Mitte darauf geben. Die Platten zusammenrollen, dabei die Seiten nach innen einschlagen und die Enden gut verschließen.
6. Pflanzenöl im Wok oder in einer tiefen Pfanne erhitzen, die Frühlingsrollen darin rundherum goldbraun backen. Mit einer Schaumkelle aus dem Öl heben und auf Küchenpapier abtropfen lassen, anschließend auf einer Platte anrichten. Sojasauce oder Chilisauce dazu servieren.
Als Beilage eignen sich hierzu besonders gut Blattsalate mit Früchten.

Pro Portion etwa: 440 kcal, 50 g Kohlenhydrate, 20 g Eiweiß, 17 g Fett

Mexikanische Burritos

Zutaten für 4 Personen

1 große Zwiebel

1 kleine grüne Paprikaschote

1 kleine rote Paprikaschote

1 große Tomate

200 g Hähnchenbrustfilet

1 EL Maisöl

Jodsalz

50 g Sojasprossen

1 EL Taco-Gewürzmischung

100 ml Tacosauce (Fertigprodukt)

8 Tortillas (Fertigprodukt)

1. Die Zwiebel schälen, halbieren und in dünne Streifen schneiden. Die Paprikaschoten waschen, der Länge nach in vier Teile schneiden, Kerngehäuse und Stielansatz entfernen, Schoten in feine Streifen schneiden. Die Tomate waschen, vom Stielansatz befreien, in Würfel schneiden. Das Hähnchenbrustfilet kalt abwaschen, abtrocknen und in feine Scheiben schneiden.

2. In einer großen beschichteten Pfanne das Öl erhitzen, das Hähnchenfleisch rundherum goldbraun anbraten. Etwas salzen, herausnehmen und warm stellen.

3. In der Pfanne die Zwiebel- und die Paprikastreifen leicht anrösten. Sojasprossen, Tomatenwürfel, Taco-Gewürzmischung und Tacosauce dazugeben, dann das Hähnchenfleisch wieder untermengen.

4. Tortillas nach der Packungsbeschreibung erhitzen. Jeweils etwas von der heißen Füllung darauf geben, zu einem etwa 10 cm langen Streifen formen. Eine Seite des Fladens über die Füllung legen, die Außenseiten einschlagen, die letzte Tortillaseite darüber legen.

Dazu am besten knackige Salate, beispielsweise mit Tomate, Mais und Avocado, servieren.

Pro Portion etwa: 330 kcal, 49 g Kohlenhydrate, 20 g Eiweiß, 5 g Fett

Zwiebelstange mit Kräutercreme

Zutaten für 1 Person

½ rote Zwiebel
1 EL Crème fraîche
1 TL gehackte Petersilie
1 TL Schnittlauchröllchen
Jodsalz
Pfeffer aus der Mühle
1 Vollkornzwiebelstange (etwa 80 g)
1 Blatt Eisbergsalat
2 Cornichons
50 g Roastbeef
1 EL Senfsprossen
(ersatzweise Kresse)

1. Für die Kräutercreme die Zwiebel schälen und in sehr feine Würfel schneiden, in einer Schüssel mit der Crème fraîche und den Kräutern verrühren, mit Salz und Pfeffer abschmecken.
2. Die Zwiebelstange längs halbieren, beide Hälften mit der Kräutercreme bestreichen.
3. Das Salatblatt kalt abspülen und gut abtrocknen. Die Cornichons fächerförmig aufschneiden.
4. Die untere Zwiebelstangenhälfte mit dem Salatblatt belegen, das Roastbeef, die Cornichons und die Senfsprossen oder die Kresse auflegen. Mit der oberen Stangenhälfte abdecken.

Pro Portion etwa: 340 kcal, 41 g Kohlenhydrate, 18 g Eiweiß, 11 g Fett

Kürbiskernbrötchen mit gekochtem Schinken

Zutaten für 1 Person

1 Kürbiskernbrötchen
(etwa 60 g; möglichst Vollkorn)
1 EL Butter
1 TL gemischte, gehackte Kräuter
2 Salatblätter
50 g gekochter Schinken
4 Scheiben hartgekochtes Ei

1. Das Brötchen halbieren, die Hälften mit Butter bestreichen und mit den Kräutern bestreuen.
2. Die untere Hälfte mit einem Salatblatt belegen, den Schinken und die Eierscheiben, dann auch das zweite Salatblatt darauf legen.
3. Die obere Hälfte des Kürbiskernbrötchens darauf legen und leicht andrücken.

Pro Portion etwa: 320 kcal, 30 g Kohlenhydrate, 15 g Eiweiß, 15 g Fett

Speckbrötchen mit Olivenpaste

Zutaten für 1 Person

1 Blatt Eisbergsalat
1 Vollkornspeckbrötchen (etwa 70 g)
30 g schwarze Olivenpaste
2 EL Sojasprossen
50 g Rindersaftschinken

1. Das Salatblatt abbrausen und gut trockenschütteln.
2. Das Brötchen halbieren, beide Hälften mit Olivenpaste bestreichen und mit Sojasprossen bestreuen, die Sprossen etwas andrücken.
3. Den Schinken und das Salatblatt auf die untere Brötchenhälfte legen, mit der oberen Brötchenhälfte abdecken.

Pro Portion etwa. 330 kcal, 32 g Kohlenhydrate, 16 g Eiweiß, 14 g Fett

Käsebrötchen mit Zungenblutwurst

Zutaten für 1 Person

1 Frühlingszwiebel (der weiße Teil)
ein kleines Stück rote Paprikaschote
1 Käsebrötchen (etwa 60 g)
1 EL Margarine oder Butter
40 g Zungenblutwurst

1. Die Frühlingszwiebel und die Paprikaschote waschen, putzen und in feine Streifen schneiden.
2. Das Käsebrötchen halbieren, beide Seiten mit Margarine oder Butter bestreichen und mit Wurst belegen.
3. Zwiebel- und Paprikastreifen auf der unteren Brötchenhälfte verteilen, die zweite Hälfte darauf setzen.

Pro Portion etwa: 350 kcal, 33 g Kohlenhydrate, 11 g Eiweiß, 19 g Fett

Zwiebel-Roggen-Baguette mit Mett

Zutaten für 1 Person

80 g Schweinemett
1 EL Schnittlauchröllchen
Selleriesalz, Pfeffer aus der Mühle
1 Zwiebel-Roggen-Baguettebrötchen
(etwa 80 g; möglichst Vollkorn)
1 kleine Zwiebel
2 Salatblätter, 6 Scheiben Salatgurke

1. Das Mett mit Schnittlauch vermengen und mit Salz und Pfeffer nachwürzen.
2. Das Baguettebrötchen halbieren. Die untere Hälfte mit einem Salatblatt belegen und das Mett darauf verteilen. Die in feine Ringe geschnittene Zwiebel sowie die Gurken darauf verteilen.
3. Mit dem zweiten Salatblatt belegen und mit der oberen Brötchenhälfte abdecken.

Pro Portion etwa: 510 kcal, 42 g Kohlenhydrate, 21 g Eiweiß, 28 g Fett

Haferflockenbrötchen mit gekochter Ochsenbrust

Zutaten für 1 Person

1 TL geriebener Meerrettich
1 EL geschlagene Sahne
(ersatzweise Quark)
Selleriesalz
Pfeffer aus der Mühle
Zucker
einige Tropfen Zitronensaft
1 Haferflockenbrötchen
(möglichst Vollkorn)
2 TL Butter
60 g gekochte Ochsenbrust
(in dünnen Scheiben)
1 EL Schnittlauchröllchen
4 Scheiben Salatgurke
1 Salatblatt

1. Den Meerrettich mit der Sahne vermengen, mit Selleriesalz, Pfeffer, einer Prise Zucker und etwas Zitronensaft abschmecken.
2. Das Brötchen halbieren und mit der Butter bestreichen, dann den Meerrettich darauf verteilen.
3. Die Ochsenbrust auf die untere Brötchenhälfte legen und leicht mit Salz und Pfeffer würzen.
4. Schnittlauch darüberstreuen, Gurkenscheiben und Salat auflegen, dann die obere Brötchenhälfte darauf setzen.

Pro Portion etwa: 470 kcal, 50 g Kohlenhydrate, 19 g Eiweiß, 21 g Fett

Vollkorncroissant mit geräucherter Putenbrust

Zutaten für 1 Person

2 Vollkorncroissants oder
2 normale Croissants (je etwa 45 g)
20 g streichfähige Kräuterbutter
60 g geräucherte Putenbrust
(in dünnen Scheiben)
1 Tomate
2 EL gehackte Petersilie

1. Die Croissants vorsichtig mit einem scharfen Brotmesser halbieren, mit der Kräuterbutter bestreichen. Die Putenbrust auf die beiden unteren Hälften legen.
2. Die Tomate waschen und ohne den Stielansatz in Scheiben schneiden, auf die Putenbrust legen. Petersilie darüberstreuen und die oberen Croissanthälften auflegen.

Pro Portion etwa: 680 kcal, 43 g Kohlenhydrate, 22 g Eiweiß, 47 g Fett

Croissants enthalten relativ viel Fett, dies ist deshalb eine recht üppige Zwischenmahlzeit. Damit die für den Fußballer so wichtige Portion an Kohlenhydraten enthalten ist, sollten Sie nach Möglichkeit Vollkorncroissants verwenden.
Sie haben viele Alternativen für geräucherte Putenbrust. Probieren Sie einmal dünne Scheiben Räucherschinken, beispielsweise Serrano, den feinen Vertreter aus Spanien.

Sesamsandwich mit Lyoner

Zutaten für 1 Person

1 Sesamstange mit Rosinen
(etwa 80 g; möglichst Vollkorn)
1 EL Erdnußcreme
1 TL Pinienkerne
1 Salatblatt
2–3 EL Sojasprossen
50 g Geflügel-Lyoner
(in dünnen Scheiben)

1. Die Sesamstange der Länge nach halbieren, beide Hälften mit Erdnußcreme bestreichen.
2. Die Pinienkerne in einer Pfanne anrösten, erkalten lassen. Das Salatblatt und die Sojasprossen kalt abbrausen und gut abtrocknen.
3. Die Pinienkerne hacken und auf die untere Brötchenhälfte streuen, mit der Geflügel-Lyoner belegen.
4. Das Salatblatt in Streifen schneiden, mit den Sojasprossen mischen und auf die Lyoner geben, mit der zweiten Brötchenhälfte abdecken.

Pro Portion etwa: 460 kcal, 41 g Kohlenhydrate, 19 g Eiweiß, 24 g Fett

Erdnußcreme kennen viele als „Erdnußbutter", unter diesem Namen darf die aromatische Creme jedoch nicht verkauft werden.
Wer keine Erdnußcreme mag, kann das Sandwich auch mit ungesüßtem Mandel- oder Cashewkernmus bestreichen. Beides bekommt man im Reformhaus.

Siebenkornsandwich mit Gemüsesülze

Zutaten für 1 Person

2 Scheiben Siebenkornbrot
(etwa 80 g)
30 g halbfetter Schmelzkäse
50 g fein aufgeschnittene
Gemüsesülze
3 Radieschen
1/2 Bund Schnittlauch

1. Die beiden Brotscheiben mit Schmelzkäse bestreichen und mit Gemüsesülze belegen.
2. Die Radieschen und den Schnittlauch waschen und abtrocknen. Die Radieschen in Scheiben und den Schnittlauch in Röllchen schneiden, beides auf eine der Brotscheiben verteilen, mit der zweiten Brotscheibe abdecken und diese leicht andrücken.
3. Das Brot in der Mitte durchschneiden.

Pro Portion etwa: 280 kcal, 36 g Kohlenhydrate, 14 g Eiweiß, 8 g Fett

Ein leckeres Beispiel dafür, daß belegte Brötchen nicht immer mit Fleisch oder Schnittkäse zubereitet werden müssen. Hier wird saftige Gemüsesülze verwendet, die reich an Vitaminen und Mineralstoffen, aber arm an Eiweiß und Fett ist.

Sandwich mit Quark und Geflügelwurst

Zutaten für 1 Person

1/2 kleine Zwiebel
60 g Speisequark
1 EL gehackte Petersilie
Jodsalz
schwarzer Pfeffer aus der Mühle
2 Scheiben Sonnenblumenkernbrot
(etwa 150 g; möglichst Vollkorn)
4 Chicoréeblätter
1 kleine Tomate
1 kleine Gewürzgurke
60 g Geflügeljagdwurst

1. Die Zwiebel in ganz kleine Würfel schneiden. Den Quark mit der Petersilie und den Zwiebelwürfeln vermischen, mit Salz und Pfeffer abschmecken. Die Brotscheiben damit bestreichen.
2. Den Chicorée waschen und gut abtrocknen, die Tomate ebenfalls waschen, dann in Scheiben schneiden. Die Gewürzgurke längs in Scheiben schneiden.
3. Zwei Chicoréeblätter auf eine Brotscheibe legen, darauf die Wurst, die Tomaten- und die Gurkenscheiben verteilen, danach wieder zwei Chicoréeblätter sowie die zweite Brotscheibe darauf legen.
4. Das Sandwich in der Mitte halbieren.

Pro Portion etwa: 530 kcal, 71 g Kohlenhydrate, 30 g Eiweiß, 14 g Fett

Kein anderes Land kennt mehr Brotsorten als Deutschland. Nutzen Sie diese Vielfalt, und kaufen Sie immer wieder andere Brotsorten. Weit verbreitet sind dabei Brote, in denen Sonnenblumenkerne für zarten Biß, gleichzeitig auch für wertvolle Mineralstoffe sorgen.

Pfannkuchen mit Speck

Zutaten für 1 Person

1 Ei
2 EL Mehl (möglichst Vollkorn)
Jodsalz
Peffer aus der Mühle
100 ml Milch
1 TL Schnittlauchröllchen
1 TL gehackte Petersilie
50 g Räucherspeck
(in dünnen Scheiben)
1 TL Butter

1. Das Ei in Eiweiß und Eigelb trennen. Das Eiweiß steif schlagen.
2. Mehl, Eigelb, Salz und Pfeffer in eine Schüssel geben und mit der Milch zu einem glatten Teig verrühren. Das geschlagene Eiweiß und die Kräuter mit dem Schneebesen vorsichtig unter den Teig heben.
3. Speck in feine Würfel schneiden und in einer großen beschichteten Pfanne anbraten. Die Butter dazugeben und den Teig in die Pfanne gießen. Gleichmäßig verteilen und hellbraun anbraten. Ist die obere Seite fest, den Pfannkuchen wenden und auch die andere Seite hellbraun anbraten. Auf einen großen Teller geben und sofort servieren.
Dazu passen Blattsalate.

Pro Portion etwa: 190 kcal, 9 g Kohlenhydrate, 4 g Eiweiß, 15 g Fett

Ein schnelles und vor allem bei Kindern beliebtes Essen. Für Abwechslung ist rasch gesorgt: Streuen Sie während des Backens gehackte Nüsse, viel feingewürfeltes Gemüse (Paprika, Staudensellerie, Zucchini) und etwas Käse auf den Pfannkuchen.

Salate

Frischer Salat – die knackige Kraftquelle

So berichtete einmal Werner Hansch, dieser „bunte Hund" unter den Fußball-Reportern: „Mancher sieht Gelb vom Mann in Schwarz und ärgert sich dann grün und blau, bevor er Rot sieht." Oh ja, Fußball kann manchmal sehr farbenfroh sein. Und die Farbe Grün sollte immer die größte Rolle spielen. Auch und besonders bei der Ernährung.
Alles, was grün ist und auf dem Teller liegt, steht nämlich für Frische und Gesundheit. Längst ist das knackige Grünzeug Salat allerorten salonfähig geworden und zu einer Grundlage für gesunde Ernährung gereift. Das ist gut so. Denn Salat versorgt den Körper geradezu verschwenderisch mit wichtigen Vitaminen, Mineralien und Ballaststoffen – alles, was Fußballspieler in Extraportionen brauchen, wenn sie Höchstleistungen bringen wollen. Übrigens, wie nennen Fußballer die DFB-Meistertrophäe? Genau, Salatschüssel.
Prinzipiell sind für Sportler Lebensmittel mit einer besonders hohen „Nährstoffdichte" gefragt: Speisen also, die pro Kalorie mehr Vitamine, Mineralstoffe und Spurenelemente enthalten. Da ist Salat genau richtig. Salate dämpfen außerdem Hungergefühle, machen nicht dick – frische Salate sind Fitneß pur.

Der abwechslungsreiche Fitmacher

Es muß nicht immer nur grüner Salat sein. Mit ein bißchen Phantasie läßt sich fast alles zu einem schmackhaften Salat verarbeiten. Keine andere Speise hat das Potential für so viel Abwechslung. Frisée und Eichblatt, Batavia oder Radicchio, Chicorée, Endivie und Rucola – lauter leckere Konkurrenz für den guten alten Kopfsalat, der zum Glück seinen alleinigen Stammplatz auf unserem Teller verloren hat. Dazu bieten sich noch knackige Sprossen und Keimlinge an, Käse und Wurst, Fleisch und Fisch, Früchte und Gemüse – alles ist möglich, wenn man dem Salat einen zusätzlich Pfiff geben möchte.
Auch beim Dressing läßt sich im Nu für Abwechslung sorgen. Probieren Sie einmal andere Essig- und Ölsorten aus, etwa Walnußöl oder Himbeeressig, Kürbiskernöl oder Bieressig. Viele Sorten werden in kleinen Fläschchen angeboten, so können Sie das große Sortiment risikolos testen.

Die Frische erhalten

Beim Einkauf von Salaten ist ganz besonders auf Frische zu achten. Nur in knackigfrischen Blättern stecken geballt die gesunden Inhaltsstoffe. Sonderangebote („3 Kopf für 1 Mark") läßt ein kluger Kopf links liegen. Diese Salate sind nicht mehr frisch, sie sind nicht einmal das Dressing wert.

Was frisch und knackig gekauft wurde, sollte ebenso frisch verarbeitet werden. Salate deshalb nicht lange aufbewahren, nur ganz kurz waschen und erst anschließend zerkleinern.

Profitips von Fritz Westermann

Sie sollten nicht zu verschwenderisch mit dem Dressing umgehen – das ist oft recht fettreich. Das Dressing soll die Blätter umhüllen, sie aber nicht ertränken und zum Schwimmen bringen.

Besonders wichtig: Blattsalate nach dem Waschen sehr gut trockenschütteln oder trockentupfen, damit das Dressing nicht verwässert wird.

Stefan Reuter

Saisonkalender: Dann haben wir den Salat ganz frisch

	Jan	Feb	März	April	Mai	Juni	Juli	Aug	Sep	Okt	Nov	Dez
Batavia	•	•	•	•	••	••	••	••	••	•	•	•
Chicorée	••	••	••	•					•	••	••	••
Chinakohl	•	•	•	•	•	•	•	•	••	••	••	••
Eichblatt	•	•	•	•	••	••	••	••	••	•	•	•
Eisberg	•	•	•	•	••	••	••	••	••	•	•	•
Frisée	•	•	•	•	••	••	••	••	••	••	••	•
Feldsalat	••	••	•						•	•	••	••
Kopfsalat	•	•	•	•	••	••	••	••	••	•	•	•
Lollo rosso	•	•	•	•	••	••	••	••	••	•	•	•
Rucola	•	•	•	•	••	••	••	••	••	••	•	•
(Blatt-)Spinat			•	•	••	••	••	••	••	•		

• = wird angeboten •• = hat jetzt Hauptsaison, wird reichlich angeboten

Feldsalat mit Speck

Zutaten für 4 Personen

400 g Feldsalat
200 g Bauchspeck (dünne Scheiben)
1 Knoblauchzehe
4 Scheiben Toastbrot
2 Schalotten, 1 Bund Schnittlauch
4 EL Bieressig (oder Rotweinessig)
Selleriesalz, Pfeffer aus der Mühle
4 EL Walnußöl

1. Den Feldsalat gründlich putzen, gut waschen und trockenschleudern.
2. Die Bauchspeckscheiben in einer beschichteten Pfanne auf beiden Seiten stark anbraten. Aus der Pfanne nehmen und warm stellen. Das ausgebratene Fett aus der Pfanne abgießen.
3. Den Knoblauch schälen und durch die Presse in die Pfanne drücken. Das Brot in kleine Würfel schneiden und dazugeben, hellbraun anrösten. Auf Küchenpapier ausbreiten und abtropfen lassen.
4. Die Schalotten schälen und in kleine Würfel schneiden. Den Schnittlauch waschen und in feine Röllchen schneiden.
5. Den Salat in eine Schüssel geben, Essig, Salz und Pfeffer darüber geben und alles gut vermischen. Dann das Öl und die Schalotten dazugeben und alles nochmals gut mischen.
6. Den Salat auf Tellern anrichten, mit Speckscheiben garnieren und zum Schluß die Brotwürfel und die Schnittlauchröllchen darüberstreuen.

Pro Portion etwa: 600 kcal, 20 g Kohlenhydrate, 4 g Eiweiß, 56 g Fett

Feldsalat ist ein typischer Wintersalat und bringt auch in der kalten Jahreszeit Frische und Vitamine auf den Teller. Davon enthält er sogar mehr als seine Salat-„Brüder". Vor allem strotzt er vor Eisen und Vitamin C. Auch das für die Augen so wichtige Vitamin A ist reichlich enthalten – ein zusätzliches Plus, finden doch gerade zur Hochsaison des Feldsalats viele Spiele bei Flutlicht statt.
Zu Feldsalat schmecken, als fettärmere Variante, auch gebratene Putenbruststreifen oder gebratenes Hähnchenbrustfilet anstelle des Bauchspecks sehr gut. Mit Pinienkernen, Haselnüssen und Kräutern geben Sie diesem Salat Ihre ganz persönliche Note.

Eichblattsalat mit Crevetten

Zutaten für 4 Personen

1–2 Köpfe Eichblattsalat (etwa 300 g)
200 g geschälte, gekochte Crevetten
2 Frühlingszwiebeln
1 Bund Kerbel
125 g Mozzarella
1 TL mittelscharfer Senf
1 EL Cassis- oder Rotweinessig
3 EL Olivenöl
Jodsalz
schwarzer Pfeffer aus der Mühle

1. Den Eichblattsalat putzen, waschen, sehr gründlich trockenschleudern und mundgerecht zerkleinern. Die Crevetten in einem Sieb lauwarm abbrausen und gut abtropfen lassen.
2. Die Frühlingszwiebeln waschen, putzen und in dünne Scheiben schneiden. Den Kerbel kurz abbrausen, verlesen und hacken. Den Mozzarella in kleine Würfel schneiden.
3. In einer Salatschüssel den Senf mit dem Essig verrühren. Das Öl kräftig mit einem Schneebesen unterschlagen. Das Dressing mit Salz und Pfeffer abschmecken.
4. Die Salatblätter und die Frühlingszwiebelringe in dem Dressing wenden und auf einer Platte oder auf Tellern anrichten. Den Kerbel und die Crevetten darüberverteilen.
Dazu schmecken Stangenbrot oder Nußbaguette, kleine Rösti oder Folienkartoffeln.

Pro Portion etwa: 210 kcal, 3 g Kohlenhydrate, 18 g Eiweiß, 15 g Fett

Mozzarella und Crevetten liefern bei diesem Salat gesundes Eiweiß für den Muskelaufbau, zugleich garantieren die beiden Zutaten einen hohen Gehalt an Calcium und Jod.

Caesar-Salat

Zutaten für 4 Personen

1–2 Köpfe Romanasalat
100 g Räucherspeck
1 EL Butter
4 Scheiben Toastbrot
(möglichst Vollkorn)
2 Knoblauchzehen
100 g entrahmter Joghurt
100 g Sahne
Jodsalz
schwarzer Pfeffer aus der Mühle
80 g frisch geriebener Parmesan

1. Die Salatköpfe putzen und in einzelne Blätter teilen, diese waschen und gut trockenschleudern. Die Blätter der Länge nach durchschneiden, danach in 1 bis 2 cm große Stücke schneiden und in eine Schüssel geben.
2. Den Speck in sehr feine Würfel schneiden und in einer Pfanne gut braun rösten. Auf Küchenpapier ausbreiten und abtropfen lassen. Die Butter in der Pfanne zerlassen. Das Toastbrot in kleine Würfel schneiden und in der Butter goldbraun rösten, ebenfalls auf Küchenpapier abtropfen lassen.
3. Den Knoblauch schälen und zerdrücken, mit Joghurt und der Sahne verrühren, mit Salz und Pfeffer abschmecken.
4. Joghurtsauce, Speckwürfel und Parmesankäse zum Salat in die Schüssel geben und alles gut vermischen. Den Salat auf Tellern anrichten und mit den Brotwürfeln bestreuen.
Dazu paßt Walnußbrot sehr gut.

Pro Portion etwa: 340 kcal, 23 g Kohlenhydrate, 11 g Eiweiß, 23 g Fett

Wie alle Salate enthält auch dieser amerikanische Klassiker viel Vitamin C, eine Portion deckt den Tagesbedarf eines Erwachsenen. Allerdings gilt dies nur, wenn der Salat ganz frisch verwendet und sofort nach dem Zubereiten serviert wird. Wichtig: Die Salatblätter erst nach dem Waschen zerkleinern.
Wenn Sie beim Fettgehalt aufpassen möchten, schmeckt anstelle des Räucherspecks natürlich auch gebratenes Putenfleisch sehr gut.

Salatteller mit Hähnchen und Linsensprossen

Zutaten für 4 Personen

4 EL Linsensprossen
1 Eisbergsalat
1 Tomate
1 EL flüssiger Honig
Jodsalz
weißer Pfeffer aus der Mühle
4 EL Sherryessig, 5 EL Distelöl
4 Hähnchenbrustfilets (etwa 400 g)
2 EL Butter
2 EL Sonnenblumenkerne
1 Bund Basilikum

1. Die Linsensprossen in kochendes Salzwasser geben und etwa 2 Minuten garen, dann in ein Sieb abgießen und gut abtropfen lassen.
2. Den Eisbergsalat putzen und waschen, gut trockenschwenken und in mundgerechte Stücke zerrupfen. Die Tomate waschen, halbieren und entkernen, in kleine Würfel schneiden.
3. Honig, Salz, Pfeffer und den Essig verrühren, das Öl mit einem Schneebesen unterschlagen. Die Linsensprossen und den Eisbergsalat darin wenden.
4. Das Hähnchenbrustfilet kalt abwaschen, abtrocknen und in feine Streifen schneiden. Die Butter in einer Pfanne erhitzen, das Fleisch darin goldbraun braten. Zuletzt die Tomatenwürfel kurz mit in der Pfanne schwenken.
5. Den Salat auf Tellern anrichten, mit den Hähnchenstreifen umlegen. Die Tomatenwürfel und die Sonnenblumenkerne aufstreuen. Das Basilikum waschen, trockenschütteln und in ganz feine Streifen geschnitten über den Salat geben.

Pro Portion etwa: 420 kcal, 15 g Kohlenhydrate, 30 g Eiweiß, 26 g Fett

Das große Plus bei diesem Salat ist neben dem Geschmack und den vielen Vitaminen und Mineralstoffen sein hoher Gehalt an mehrfach ungesättigten Fettsäuren. Diese liefert das Distelöl, das Sie deshalb häufig in der kalten Küche verwenden sollten. Nicht geeignet hingegen ist es zum Braten, da sich dabei die Inhaltsstoffe verändern.

Lauwarmer Linsensalat mit Entenbrust

Zutaten für 4 Personen

400 g braune Linsen (Tellerlinsen)
1 kleine Zwiebel
100 geräucherter Speck
1 Möhre
2 Flugentenbrustfilets (etwa 400 g)
Selleriesalz, Pfeffer aus der Mühle
Zimtpulver, 1 TL Estragonsenf
6 EL Rotweinessig, 6 EL Haselnußöl
einige Blätter Friséesalat
gehackte Petersilie zum Bestreuen

1. Die Linsen gut waschen, 2 bis 3 Stunden in kaltem Wasser einweichen, dann im Einweichwasser zum Kochen bringen und in 30 bis 40 Minuten bißfest garen.
2. Inzwischen die geschälte Zwiebel und den Speck in kleine Würfel schneiden. Möhre schälen und raspeln.
3. Den Speck in einer Pfanne knusprig ausbraten, die Zwiebelwürfel dazugeben und goldgelb rösten. Zuletzt die Möhren dazugeben und kurz mit andünsten. Die Pfanne vom Herd nehmen.
4. Die Entenbrustfilets waschen und abtrocknen, von Sehnen und einem Teil des Fettes befreien. Eine dünne Fettschicht sollte jedoch übrigbleiben. Diese über Kreuz leicht einritzen, dann die Filets auf beiden Seiten salzen und pfeffern und leicht mit Zimt bepudern.
5. Eine Pfanne erhitzen, die Entenbrustfilets mit der Hautseite nach unten hineinlegen und 3 bis 5 Minuten anbraten. Wenden und auch auf der zweiten Seite 3 bis 5 Minuten braten. Anschließend zugedeckt warm stellen und etwa 5 Minuten ruhen lassen – das Fleisch sollte danach schön rosa sein.
6. Für das Salatdressing in einer großen Schüssel den Senf mit Selleriesalz, Pfeffer und Essig gut verrühren, danach das Öl unterschlagen.
7. Die Linsen abtropfen lassen und zur Marinade geben, die Speckmischung ebenfalls dazugeben. Alles vermischen, abschmecken und auf Teller verteilen.
8. Die Entenbrustfilets in Scheiben schneiden und auf den Linsensalat geben, alles mit Friséesalat garnieren und mit gehackter Petersilie bestreuen.

Pro Portion etwa: 680 kcal, 52 g Kohlenhydrate, 47 g Eiweiß, 32 g Fett

Gemüsesalat mit Ei

Zutaten für 4 Personen

200 g Brokkoli, 2 Möhren
1 kleine Fenchelknolle
½ Staudensellerie, 1 Zwiebel
1 Bataviasalat, 1 rote Bete
(oder aus dem Glas; ca. 150 g)
Zum Anmachen:
4 EL Apfelessig, 8 EL Sonnenblumenöl, Jodsalz, Pfeffer aus der Mühle
Saft von 1 Zitrone
1 TL Honig, 1 EL saure Sahne
Außerdem:
4 Eier, Essig, gehackte Kräuter
1 EL Sonnenblumenkerne
1 EL gehackte Kürbiskerne

1. Gemüse waschen und putzen.
2. Brokkoliröschen in leicht gesalzenem Wasser 2 bis 3 Minuten garen, dann in Eiswasser abschrecken. Gut abtropfen lassen. Mit 1 EL Essig, 2 EL Öl, Salz und Pfeffer anmachen und etwas durchziehen lassen.
3. Möhren und Fenchel raspeln, sofort mit Zitronensaft beträufeln. Das Fenchelgrün hacken, untermischen. Mit Honig, saurer Sahne, Salz und Pfeffer anmachen.
4. Die Selleriestiele der Länge nach halbieren, dann quer in feine Scheiben schneiden. Zarte Blättchen hacken und mit den Scheiben mischen. Mit 1 EL Essig, 2 EL Öl, Salz und Pfeffer anmachen.
5. Den Bataviasalat waschen, trockenschleudern, zerpflücken, mit Essig, Öl, Salz und Pfeffer anmachen.
6. Salatblätter und Gemüse zusammen anrichten. Die rote Bete schälen und über den Bataviasalat raspeln oder die rote Bete aus dem Glas gut abtropfen lassen und auf dem Salat verteilen. Die Zwiebel schälen, in feine Würfel schneiden und darüberstreuen.
7. Für die pochierten Eier etwa ½ Liter Wasser zum Kochen bringen, 3 bis 4 EL Essig dazugeben. Die Eier nacheinander vorsichtig in eine Schöpfkelle aufschlagen und daraus in das kochende Wasser gleiten lassen. Etwa 3 Minuten garen, dann mit einem Schaumlöffel herausheben und auf die Salatplatte setzen. Mit Kräutern, Sonnenblumen- und Kürbiskernen bestreuen.

Pro Portion etwa: 420 kcal, 15 g Kohlenhydrate, 15 g Eiweiß, 33 g Fett

Bunter Blattsalat mit Thunfisch

Zutaten für 4 Personen

2 grüne Paprikaschoten, 1 Salatgurke
1 Bund Radieschen, 2 Schalotten
4 Tomaten
1 Kopf Lollo Rosso, 1 Radicchiosalat
2 Dosen Thunfisch (je 150 g)
20 schwarze Oliven
Jodsalz, Pfeffer aus der Mühle
4 EL Apfelessig, 1 EL milder Senf
4 EL kaltgepreßtes Olivenöl
1 EL gehackte, gemischte Kräuter
1 Kästchen Gartenkresse

1. Gemüse und Salate waschen und gut abtrocknen. Die Paprikaschoten vierteln, entkernen und die Viertel quer in feine Streifen schneiden. Die Salatgurke schälen und längs halbieren, mit einem Teelöffel die Kerne entfernen. Die Gurkenhälften quer in dünne Scheiben hobeln.
2. Die Radieschen putzen und in Scheiben schneiden. Die Schalotten schälen und in feine Scheiben schneiden. Die Tomaten vierteln.
3. Lollo Rosso in kleine Stücke zupfen, Radicchio halbieren und in Streifen schneiden.
4. Den Thunfisch und die Oliven abtropfen lassen, den Thunfisch mit einer Gabel zerteilen.
5. In einer Salatschüssel Salz, Pfeffer, Essig und den Senf verrühren, langsam das Öl unterschlagen. Salate und Gemüse vorsichtig darin wenden. Mit Thunfisch und Oliven garnieren und zum Schluß gemischte Kräuter und die frisch geschnittene Kresse darüberstreuen.

Pro Portion etwa: 260 kcal, 9 g Kohlenhydrate, 13 g Eiweiß, 19 g Fett

Fast schon ein Rezept gegen Erkältungen, so viel Vitamin C enthält dieser Fitmacher-Salat. Verantwortlich dafür sind in erster Linie die Paprikaschoten, in denen etwa doppelt soviel Vitamin C steckt wie in Zitronen. Hinzu gesellen sich große Mengen an Calcium, Eisen, Kalium, Magnesium und Phosphor.

Mozzarella mit Tomaten

Zutaten für 4 Personen

4 Fleischtomaten
500 g Mozzarella
6 EL Aceto Balsamico
Jodsalz
schwarzer Pfeffer aus der Mühle
4 EL kaltgepreßtes Olivenöl
20 Basilikumblättchen

1. Die Tomaten waschen und ohne die Stielansätze in Scheiben schneiden. Den Mozzarella ebenfalls in Scheiben schneiden. Mozzarella und Tomaten schuppenartig auf Tellern auslegen.
2. Essig mit Salz und Pfeffer in einer Schüssel verrühren, das Olivenöl gründlich darunterschlagen. Gleichmäßig über die Tomaten- und Mozzarellascheiben träufeln.
3. Basilikumblätter waschen, trockenschütteln, in feine Streifen schneiden und darüberstreuen.
Dazu Sechskornbrot oder frische Vollkornbrötchen servieren.

Pro Portion etwa: 410 kcal, 2 g Kohlenhydrate, 24 g Eiweiß, 34 g Fett

Tomaten enthalten nicht nur viel Wasser, sondern auch eine geballte Ladung an gesunden Inhaltsstoffen bei äußerst geringem Kaloriengehalt. Ihre Nährstoffdichte ist also bemerkenswert, ihre Beliebtheit glücklicherweise ebenso.
Das Dressing können Sie wunderbar in einer größeren Menge zubereiten und in einem Schraubdeckelglas aufbewahren. Bevor Sie für einen weiteren Salat etwas Dressing entnehmen, das Glas kräftig schütteln, damit sich Essig und Öl wieder zur leicht cremigen Sauce verbinden.

Maissalat mit Sprossen

Zutaten für 4 Personen

400 g Gemüsemais (aus der Dose)
1 Paprikaschote
1 Zwiebel
1 TL mittelscharfer Senf
Jodsalz
Pfeffer aus der Mühle
3 EL Gewürzessig
5 EL Olivenöl
4 EL Pinienkerne
150 g Radieschensprossen
4 EL Weizensprossen

1. Den Gemüsemais auf einem Sieb abtropfen lassen. Paprikaschote waschen, vierteln, entkernen und in kleine Würfel schneiden. Die Zwiebel schälen und in feine Würfel schneiden.
2. Senf, Salz, Pfeffer und Essig in einer Schüssel vermischen und mit einem Schneebesen das Öl darunterschlagen.
3. Die Pinienkerne in einer beschichteten Pfanne ohne Fett anrösten.
4. Den Mais, die Paprika- und die Zwiebelwürfel in eine Schüssel geben und mit der Sauce anmachen.
5. Den Maissalat auf einen Teller geben, die Radieschensprossen um den Salat herum verteilen, Weizensprossen und Pinienkernen darüberstreuen.

Pro Portion etwa: 260 kcal, 16 g Kohlenhydrate, 6 g Eiweiß, 19 g Fett

Besonders vitamin- und mineralstoffreich ist dieser Salat, genau richtig also für die Fitneß. Der rohe Gemüsepaprika gehört zu den besten Lieferanten für Vitamin C, und auch frische Sprossen liefern davon Riesenportionen.

Eisbergsalat mit Orangen

Zutaten für 4 Personen

1 Kopf Eisbergsalat
3 Orangen
100 g Joghurt
1 EL flüssiger Honig
100 g Sahne
Jodsalz
Pfeffer aus der Mühle
1 EL gehackte, gemischte Kräuter
2 EL gehackte Pistazien

1. Salat in Blätter zerteilen und waschen. Gut abtropfen lassen und in Streifen schneiden.
2. Orangen schälen, filetieren, in kleine Stücke schneiden und mit dem abgetropften Saft in eine Schüssel geben. Joghurt, Honig und Sahne dazugeben und mit einem Schneebesen gut verrühren. Mit Salz und Pfeffer würzig abschmecken.
3. Den Eisbergsalat mit der Sauce gut mischen, auf einem Teller anrichten und mit den Kräutern und Pistazien garnieren.

Pro Portion etwa: 190 kcal, 14 g Kohlenhydrate, 4 g Eiweiß, 13 g Fett

Im Winter ist frisches Grün rar – da kommt der knackige Eisbergsalat gerade richtig. Mit Orangen kombiniert, liefert er gesunde Nährstoffe und Vitamine auf frische Art.

Rohkostsalat mit Apfelscheiben

Zutaten für 4 Personen

2 Möhren
1 Paprikaschote
1 Salatgurke
1 Bund Radieschen
1/2 Staudensellerie
4 EL Apfelessig
Selleriesalz
Pfeffer aus der Mühle
1 EL Ahornsirup
4 EL Walnußöl
2 große Äpfel
Saft von 1 Zitrone
4 EL gehackte Walnüsse

1. Möhren, Paprikaschote und Salatgurke waschen. Radieschen und Staudensellerie waschen und putzen. Möhren und Radieschen raspeln. Die Paprika und den Staudensellerie in feine Streifen oder Scheiben schneiden. Salatgurke schälen, das Kerngehäuse mit einem Löffel entfernen, die Gurke in feine Scheiben schneiden. Alles in eine Schüssel geben.
2. Apfelessig in eine Salatschüssel geben, Salz darin verrühren, Pfeffer und Ahornsiurp dazugeben und das Öl mit einem Schneebesen unterschlagen. Über die Rohkost geben und gut vermischen.
3. Äpfel waschen, trockenreiben, vierteln und in Scheiben schneiden, mit Zitronensaft beträufeln.
4. Den Rohkostsalat anrichten und mit den Apfelscheiben und den gehackten Walnüssen garnieren.

Pro Portion etwa: 250 kcal, 18 g Kohlenhydrate, 4 g Eiweiß, 17 g Fett

Wer seiner Gesundheit und Fitneß etwas besonders Gutes tun will, genießt möglichst täglich einen Rohkostsalat. Darin sind Vitamine und Mineralien bestmöglich erhalten.

Pasta-Rindfleisch-Salat

Zutaten für 4 Personen

300 g Shipli (oder andere Nudeln)
200 g gekochter Tafelspitz
1 TL Senf
2 EL Olivenöl
2 EL Obstessig
Selleriesalz
Pfeffer aus der Mühle
1/2 Bund Petersilie
1 rote Paprikaschote
1 grüne Paprikaschote
1 Salatgurke
200 g Joghurt
100 g Sahne

1. Shipli laut Packungsanweisung bißfest (al dente) kochen, abgießen und kalt abbrausen. Den Tafelspitz in ganz feine Streifen schneiden.
2. Senf, Öl, Essig, Salz und Pfeffer in einer Schüssel glattrühren, das Rindfleisch dazugeben und etwas darin ziehen lassen.
3. Petersilie waschen, trockenschütteln und hacken. Paprikaschoten waschen, vierteln, Kerne entfernen und die Schoten in feine Streifen schneiden. Gurke waschen, halbieren, mit einem Löffel das Kerngehäuse entfernen und die Gurke in feine Scheiben hobeln.
4. Joghurt und Sahne mit einem Schneebesen gut vermischen, mit Salz und Pfeffer abschmecken. Shipli, Paprika und Gurken dazugeben und mit der Sauce anmachen.
5. Den Nudelsalat einzeln auf Teller oder in einer Schüssel anrichten und mit den Rindlfeischstreifen und der Petersilie garnieren.

Pro Portion etwa: 530 kcal, 48 g Kohlenhydrate, 23 g Eiweiß, 22 g Fett

Bei diesem Salat liefern die Nudeln die für den Fußballer so wichtigen Kohlenhydrate, und Paprikaschoten steuern eine Riesenportion Vitamin C bei. Eine nahezu perfekte Mahlzeit.

Rettichsalat mit Erdbeeren

Zutaten für 4 Personen

2 weiße Rettiche (etwa 600 g)
100 g Erdbeeren
2 grüne Äpfel
1 TL mittelscharfer Senf
Jodsalz
Pfeffer aus der Mühle
Saft von 1 Zitrone
5 EL Haselnußöl
2 EL gehackte Kürbiskerne

1. Den Rettich schälen und grob raspeln. Die Erdbeeren waschen, putzen und vierteln. Die Äpfel schälen, von den Kerngehäusen befreien und in feine Streifen schneiden.
2. In einer großen Schüssel Senf, Salz, Pfeffer und Zitronensaft verrühren. Das Öl gründlich mit einem Schneebesen unterschlagen.
3. Den geraspelten Rettich und die Apfelstreifen in das Dressing geben, alles gut vermischen und zugedeckt etwa 10 Minuten ziehen lassen. Danach die Erdbeeren vorsichtig untermischen und den Salat auf Glastellern anrichten. Mit den Kürbiskernen bestreuen.

Pro Portion etwa: 210 kcal, 13 g Kohlenhydrate, 3 g Eiweiß, 15 g Fett

Frisch geraspelt, deckt der Rettich in diesem Salat den Tagesbedarf des Fußballers an Vitamin C, und auch wichtige Mineralstoffe sind in großer Menge enthalten. Wertvoll auch das Haselnußöl, das nicht nur für viel Geschmack sorgt, sondern zudem wertvolle mehrfach ungesättigte Fettsäuren liefert.

Rucolasalat mit Parmesan

Zutaten für 4 Personen

300 g Rucola
8 EL Aceto Balsamico
Jodsalz
schwarzer Pfeffer aus der Mühle
10 EL kaltgepreßtes Olivenöl
50 g frisch geriebener Parmesan
30 g frisch gehobelter Parmesan

1. Rucola gründlich waschen und verlesen, die groben Stiele entfernen.
2. In einer Schüssel den Essig mit Salz und Pfeffer verrühren, dann das Olivenöl gründlich unterschlagen. Den Rucola und den geriebenen Parmesan unter das Dressing mischen.
3. Den Salat auf Tellern anrichten, mit dem gehobelten Parmesan bestreuen.
Dazu frisches Siebenkornbrot servieren.

Pro Portion etwa: 330 kcal, 2 g Kohlenhydrate, 8 g Eiweiß, 32 g Fett

Parmesan, der italienische Käse-König, ist reich an Calcium und stärkt dadurch Knochen und Nerven. Etwa 450 mg Calcium liefert dieser Salat pro Portion, das ist etwa die Hälfte des Tagesbedarfs eines Erwachsenen.
Wer nicht ganz soviel Dressing möchte, nimmt einfach weniger Olivenöl und im Verhältnis dazu weniger Aceto Balsamico. Auf diese Weise spart man gleichzeitig etwas Fett ein.

Sprossensalat mit Lammrückenfilet

Zutaten für 4 Personen

1 Knoblauchzehe
je 1 Rosmarin- und Thymianzweig
4 Minzeblätter
3 EL Olivenöl
Jodsalz, Pfeffer aus der Mühle
4 Lammrückenfilets
(etwa 500 g; ohne Fett und Sehnen)
250 g Prinzeßbohnen
1 Kopf Eichblattsalat, 2 Chicorée
1 Schalotte
1 TL Dijonsenf, 2 EL Rotweinessig
je 2 EL Radieschen-, Soja- und
Weizensprossen

1. Den Knoblauch schälen und zerdrücken, die Kräuter waschen, trockenschütteln und hacken. Beides mit ½ TL Olivenöl, Salz und Pfeffer verrühren, die Lammrückenfilets damit einreiben.
2. Die Bohnen waschen und putzen, zugedeckt in wenig Salzwasser in etwa 5 Minuten bißfest kochen. Abgießen und kalt abschrecken, gut abtropfen lassen.
3. Den Eichblattsalat und den Chicorée putzen und waschen, sehr gründlich trockenschütteln.
4. Die Schalotte schälen und in sehr feine Würfel schneiden, mit Senf, Essig, Salz und Pfeffer verrühren, danach das restliche Öl gründlich unterschlagen.
5. Eine beschichtete Pfanne erhitzen, die Lammfilets darin rundherum scharf anbraten. Vom Herd ziehen und zugedeckt etwa 5 Minuten ruhen lassen – das Fleisch sollte noch rosa sein.
6. 4 Teller mit Eichblattsalat auslegen, darauf fächerartig die Chicoréeblätter auslegen und alles mit etwas Dressing beträufeln. Die Bohnen in dem restlichen Dressing wenden und auf die Teller geben, Weizen-, Radieschen- sowie Sojasprossen dazugeben.
7. Die Lammfilets in 2 cm dicke Scheiben schneiden und an den Rand des Salatbetts legen, mit dem Fleischsaft aus der Pfanne beträufeln.

Pro Portion etwa: 370 kcal, 12 g Kohlenhydrate, 31 g Eiweiß, 21 g Fett

Sauerkrautsalat mit Äpfeln

Zutaten für 4 Personen

1 Zwiebel
100 g durchwachsener Räucherspeck
1 mittelgroße Dose Sauerkraut
(etwa 550 g)
100 g Crème fraîche
2 aromatische Äpfel
(z. B. Goldparmäne oder Cox Orange)
2 EL Rosinen
Jodsalz
schwarzer Pfeffer aus der Mühle
2 EL gehackte Walnüsse

1. Die Zwiebel schälen und in feine Würfel schneiden, den Speck ebenfalls in feine Würfel schneiden.
2. Das Sauerkraut in eine Schüssel geben, auflockern und gut mit der Crème fraîche vermischen.
3. Die Äpfel waschen und gut abreiben. Vierteln, von den Kerngehäusen befreien und die Viertel quer in Scheiben schneiden. Zusammen mit den Rosinen sofort unter das Sauerkraut mischen.
4. Den Speck und die Zwiebeln in einer Pfanne hellbraun braten, dann unter das Sauerkraut mischen.
5. Den Salat mit Salz und Pfeffer abschmecken und mit den Nüssen bestreut servieren.

Pro Portion etwa: 280 kcal, 19 g Kohlenhydrate, 7 g Eiweiß, 18 g Fett

Wenig Kalorien, aber eine große Portion gesunder Inhaltsstoffe – so läßt sich der Wert von Sauerkraut beschreiben. Reichlich Ballaststoffe helfen der Verdauung, Folsäure und Vitamin B_{12} der Blutbildung, Vitamin A den Augen und Vitamin C den Abwehrkräften. Ein idealer Salat also für die kühle Jahreszeit.

Salatherzen mit Orangenfilets und Nüssen

Zutaten für 4 Personen

2 Eier
2 Orangen
2 Kopfsalate
2 EL Tomatenketchup
100 g entrahmter Joghurt
2 EL Cognac
4 EL Sahne
Jodsalz
weißer Pfeffer aus der Mühle
1 EL gehackte Petersilie
2 EL gehackte Walnüsse

1. Die Eier anstechen und in 8 bis 10 Minuten (je nach Größe) hart kochen. Kalt abschrecken und schälen.

2. Die Orangen schälen, dabei die weißen Außenhäutchen vollständig entfernen. Danach die einzelnen Fruchtsegmente zwischen den Trennhäutchen herausschneiden. Den abtropfenden Saft auffangen.

3. Die Kopfsalate von den äußeren Blättern befreien – nur das Herz soll jeweils ganz bleiben. Dieses in der Mitte durchschneiden, gut waschen und trockenschleudern.

4. Tomatenketchup, Joghurt, Cognac und die Sahne verrühren, den abgetropften Orangensaft unterrühren. Das Dressing mit Salz und Pfeffer abschmecken.

5. Die halben Salatherzen mit den Schnittflächen nach oben auf Teller legen, mit dem Dressing überziehen.

6. Die Eier mit dem Eierschneider in kleine Würfel schneiden, zusammen mit der Petersilie und den Walnüssen über den Salat streuen. Mit den Orangenfilets garnieren.

Pro Portion etwa: 220 kcal, 14 g Kohlenhydrate, 10 g Eiweiß, 12 g Fett

Himbeer-Haselnuß-Dressing

Zutaten für 4 Personen

einige frische Kerbelblättchen
1 Schalotte
1 EL flüssiger Honig
2 EL Himbeeressig
1/2 TL milder Senf
Jodsalz, Pfeffer aus der Mühle
3 EL Haselnußöl

1. Den Kerbel waschen, trockentupfen und hacken. Die Schalotte schälen und sehr fein würfeln. Beides mit Honig, Essig, Senf, Salz und Pfeffer gründlich verrühren.
2. Das Öl dazugeben und mit einem Schneebesen gründlich unterschlagen, bis eine leichte Bindung entstanden ist.
Paßt hervorragend zu Feldsalat.

Pro Portion etwa: 90 kcal, 6 g Kohlenhydrate, kein Eiweiß, 7 g Fett

French Dressing

Zutaten für 4 Personen

1 kleine Schalotte
1 Knoblauchzehe
1/2 TL Jodsalz, 1 TL Dijonsenf
3 EL aromatischer Kräuteressig
2 Petersilienstiele
10 Basilikumblättchen
4 EL Öl

1. Die Schalotte schälen und in ganz feine Würfel schneiden. Knoblauch schälen und durch die Presse drücken. Beides mit Salz, Senf und Essig gut verrühren.
2. Die Kräuter waschen, trockenschütteln und hacken, zum Dressing geben. Das Öl mit einem Schneebesen kräftig unterschlagen.
Gut zu Batavia-, Kopf- und Eichblattsalat.

Pro Portion etwa: 100 kcal, 1 g Kohlenhydrate, 1 g Eiweiß, 10 g Fett

Waldhonig-Dressing

Zutaten für 4 Personen

1 EL Waldhonig, Jodsalz
1/4 TL feingehackter Rosmarin
3 EL Sherryessig
4 EL Walnußöl

1. In einer Schüssel den Honig mit 1 TL Salz, Rosmarin und Essig verrühren.
2. Das Öl dazugeben und mit einem Schneebesen gründlich unterschlagen, bis eine leichte Bindung entstanden ist.
Paßt gut zu Radicchio oder Lollo Rosso.

Pro Portion etwa: 110 kcal, 6 g Kohlenhydrate, kein Eiweiß, 10 g Fett

Sahne-Joghurt-Dressing

Zutaten für 4 Personen

75 g entrahmter Joghurt
100 g saure Sahne
1/2 TL milder Senf
2 EL gehackte Kräuter
(z.B. Schnittlauch, Petersilie,
Kerbel, Basilikum, wenig Thymian)
Selleriesalz, Pfeffer aus der Mühle

1. In einer Schüssel den Joghurt mit der sauren Sahne und dem Senf verrühren.
2. Die Kräuter unterrühren und das Dressing mit Salz und Pfeffer abschmecken.
Paßt wunderbar zu allen Blattsalaten.

Pro Portion etwa: 30 kcal, 2 g Kohlenhydrate, 2 g Eiweiß, 2 g Fett

Joghurt-Dressing mit Senf und Knoblauch

Zutaten für 4 Personen

70 g Joghurt
100 g saure Sahne
2 EL mittelscharfer Senf
2 Knoblauchzehen
Jodsalz, Pfeffer aus der Mühle

1. Joghurt, saure Sahne und den Senf in einer Schüssel verrühren.
2. Den Knoblauch schälen und zerdrücken. Mit wenig Salz mit Hilfe eines Messerrückens oder eines Löffels zu Mus zerreiben. Zur Joghurtmischung geben.
3. Das Dressing mit Salz und Pfeffer abschmecken. Paßt hervorragend zu Salatgurke.

Pro Portion etwa: 40 kcal, 3 g Kohlenhydrate, 2 g Eiweiß, 2 g Fett

Gorgonzolasauce

Zutaten für 4 Personen

50 g reifer, würziger Gorgonzola
2 EL Sahne
50 ml Milch
Jodsalz

1. In einer Schüssel den Gorgonzola mit der Sahne gut zerdrücken.
2. Die Milch dazugeben und alles mit einem Schneebesen cremig rühren. Mit einer Prise Salz abschmecken.
Eignet sich gut für alle Rohkostsalate und zu Sprossen und Keimen.

Pro Portion etwa: 70 kcal, 1 g Kohlenhydrate, 3 g Eiweiß, 6 g Fett

Kefir-Orangen-Dressing

Zutaten für 4 Personen

1 Orange
4 Walnußkernhälften
1 EL Rosinen
5 EL Kefir
1 EL Tomatenketchup, Jodsalz

1. Die Orange sorgfältig schälen, dabei die weiße Außenhaut vollständig entfernen und den abtropfenden Saft auffangen. Anschließend die Fruchtfilets zwischen den Trennhäutchen herausschneiden, den Saft aus den Trennhäutchen ebenfalls ausdrücken.
2. Die Orangenfilets in kleine Würfel schneiden. Die Walnüsse und die Rosinen fein hacken.
3. Walnüsse, Rosinen, Kefir, abgetropften, ausgedrückten Orangensaft, Tomatenketchup und ½ TL Salz in einer Schüssel verrühren, die Orangenstücke untermischen.
Eignet sich gut für Chicorée oder Rohkostsalate und läßt sich nach Belieben mit etwas Sahne oder Crème fraîche verfeinern.

Pro Portion etwa: 70 kcal, 10 g Kohlenhydrate, 1 g Eiweiß, 2 g Fett

Balsamico-Dressing mit Olivenöl

Zutaten für 4 Personen

1 TL Jodsalz
2 EL Aceto Balsamico
4 EL Olivenöl

1. In einer Schüssel Essig und Salz gut vermischen.
2. Das Olivenöl dazugeben und mit einem Schneebesen gründlich unterschlagen, bis eine leichte Bindung entstanden ist.
Besonders geeignet für Tomaten und Mozzarella mit Basilikum.

Pro Person etwa: 90 kcal, keine Kohlenhydrate, kein Eiweiß, 10 g Fett

Suppen & Eintöpfe

Suppen – das unterschätzte Vorspiel

Wie wichtig Flüssigkeit für den Körper eines Fußballers ist, soll hier noch einmal betont werden. Flüssigkeit hält unsere Körpertemperatur aufrecht und ermöglicht vor allem den reibungslosen Ablauf des gesamten Stoffwechsels, denn Nährstoffe können nur mit Wasser transportiert werden. Wenn der Fußballer zuwenig Flüssigkeit aufnimmt, kann es prompt zu einem deutlichen Leistungsabfall kommen: Konzentration und Koordination lassen nach. Klar, der Flüssigkeitsbedarf wird hauptsächlich durch Getränke gedeckt. Aber auch in unseren Speisen steckt reichlich Flüssigkeit – eine willkommene Ergänzung. An erster Stelle stehen dabei natürlich Suppen. Bei unserer Nationalmannschaft sind Suppen schon immer selbstverständlicher Bestandteil des Speiseplans.

Es ist noch Suppe da

Eine Ernährungssünde, wenn Suppen heutzutage nicht für voll genommen werden. Früher kam in Sprichwörtern zum Ausdruck, wie wichtig sie sind:
Wer lange suppt, der lebt lange, sagt Volkes Stimme. Eine gute Suppe ist ein halbes Mahl – sagen die Briten. Eine magere Suppe ist besser als trockenes Brot – sagen die Schweden. Wer recht Suppe ißt, der wird gescheit – sagen die Schwaben; in ihrer sparsamen Region wurde übrigens auch der Begriff „schwäbische Suppe" hochgekocht, was soviel heißt wie: viel Brühe, wenig Brocken.

Suppen bieten so viele Möglichkeiten. Rind oder Huhn, Gemüse oder Fisch: Schon die Basis der Geschmacksrichtung kann so verschieden sein. Besonders fein sind selbstgekochte Brühen und Fonds – die Grundlage für alle Feinschmeckersuppen und -saucen. Die Zubereitung ist unkompliziert – allerdings ziemlich zeitaufwendig. Wem die Muße fehlt, der kann auf Fond aus dem Glas zurückgreifen, auf Brühe in Pasten-, Pulver- oder Würfelform.

Für noch mehr Abwechslung sorgen dann all die Zutaten, die in die Brühe hineingegeben werden: Kartoffeln, Reis und Nudeln, aber auch Gemüse und Hülsenfrüchte aller Art sorgen nicht nur für Geschmack, sie liefern dem Fußballer ganz nebenbei wertvolle Kohlenhydrate und Ballaststoffe. Nährstoffe also, von denen er eigentlich nie genug bekommen kann. Marktfrische Zutaten stehen natürlich auf der Hitliste ganz oben, aber auch aus Tiefkühlgemüse sind im Nu leckere und sehr gesunde Suppen und Eintöpfe gekocht. Für das I-Tüpfelchen sorgen frisch gehackte Kräuter. Kurz vor dem Servieren auf die Suppe gestreut, liefern sie auf besonders schmackhafte Art eine Extraportion an Vitaminen und Mineralien, für den Fußballspieler eine gelöffelte Extraportion Fitneß.

Tip von Fritz Westermann:
Oft fallen im Haushalt Lebensmittelreste an. Nicht wegwerfen, daraus läßt sich eine schmackhafte Suppe zubereiten.
Beispiel: Speck- und Zwiebelwürfel in etwas Öl anrösten, übriggebliebene Gemüse- oder Kartoffelstücke dazugeben. Mit Brühe auffüllen und aufkochen lassen. Rohe Kartoffeln oder Gemüse in etwa 20 Minuten garen, bereits gegarte Zutaten nur kurz durchkochen. Alles im Mixer oder mit einem Pürierstab direkt im Topf pürieren, nach Belieben mit etwas Sahne verfeinern und mit frischen Kräutern abrunden.

Michael Tarnat

Pfiff & Sahnehäubchen für jede Suppe

Mit ein bißchen Phantasie und wenig Aufwand lassen sich Suppen leicht aufwerten, raffiniert abwandeln und veredeln. Jede schlichte Brühe gewinnt, wenn Sie zum Beispiel frische Kräuter dazugeben. Damit die wichtigen Kohlenhydrate nicht zu kurz kommen, wandern sie als Einlage in die Brühe.

- Blitzschnell fertig sind Faden- oder andere Suppennudeln. In Salzwasser garen, erst dann in die Brühe geben.
- Ist am Vortag Reis übriggeblieben – in die Brühe geben und damit den Kohlenhydratgehalt steigern. Tip dazu: Reste vom Reis in kleinen Portionen einfrieren, so haben Sie stets eine Suppeneinlage zur Hand. Den Reis einfach in der heißen Brühe auftauen lassen.
- Gemüse, etwa Möhren, in hauchfeine Streifen schneiden und kurz in der Brühe mit garen. Oder etwas Gemüse aus der Tiefkühltruhe in der Brühe bißfest garen.
- Für „Flädle" (die feinen Pfannkuchenstreifen) 1/8 l Milch mit 50 g Mehl und 1 Ei verquirlen. In einer beschichteten Pfanne in wenig Butter zwei dünne Pfannkuchen backen.
- Für Grießklößchen 1/4 l Milch zusammen mit 2 TL Butter aufkochen lassen, 100 g Grieß unter Rühren einrieseln lassen und dicklich köcheln, dann 1 bis 2 Eigelbe unterrühren und alles mit Salz, Pfeffer und nach Belieben mit gehackten Kräutern würzen. Mit Löffeln zu länglichen Klößchen formen.
- Für Knoblauch-Croutons 2 bis 3 Brotscheiben in kleine Würfel schneiden und in einer beschichteten Pfanne in wenig Butter oder Öl knusprig braten. Nach Belieben mit Knoblauch würzen. Fertige Croûtons auf Küchenpapier abtropfen lassen, damit überschüssiges Fett entfernt wird.
- Gerade einmal 6 bis 8 Minuten Kochzeit benötigen die kleinen roten Linsen, die Sie im Reformhaus und in asiatischen oder arabischen Läden bekommen.

Nudel-Gemüse-Eintopf mit Hähnchen

Zutaten für 4 Personen

1 kleines Hähnchen (etwa 800 g)
2 Möhren, 100 g Knollensellerie
1 kleine Lauchstange, 1 Zwiebel
1 Lorbeerblatt, 2 Gewürznelken
250 g Muschelnudeln
Jodsalz, frisch geriebene Muskatnuß
1 Petersilienstiel
4 Liebstöckelblätter, 1 Thymianzweig

1. Das Hähnchen gut waschen, abtrocknen und zerteilen. Dafür zuerst die Keulen vom Körper schneiden und am Gelenk in Ober- und Unterkeule trennen. Die Flügel ebenfalls vom Körper trennen, dann den Körper in vier Teile schneiden oder hacken.
2. Das Gemüse gut waschen, Möhren und Sellerie schälen, den Lauch putzen. Die Schalen nicht wegwerfen. Das Gemüse in feine Streifen schneiden. Die Zwiebel mit Lorbeer und Nelken spicken.
3. Etwa 1 ½ l Wasser in einem großen Topf zum Kochen bringen. Die Hähnchenteile, Möhren- und Sellerieschalen sowie Lauchabschnitte und die gespickte Zwiebel dazugeben, leicht salzen und alles etwa 30 Minuten leicht kochen. Das Hähnchenfleisch muß sich leicht von den Knochen lösen lassen.
4. Die Hähnchenteile aus dem Topf heben, das Fleisch ablösen und mundgerecht würfeln, dabei möglichst die Haut entfernen.
5. Die Nudeln in reichlich Salzwasser etwa 7 Minuten kochen lassen. In ein Sieb schütten, mit heißem Wasser abbrausen, gut abtropfen lassen. Sie sollen noch Biß haben, da sie im Eintopf nachgaren.
6. Die Kräuter waschen, trockenschütteln, die Blätter vom Thymianzweig abzupfen und alles fein hacken.
7. Die Hühnerbrühe durch ein feines Sieb gießen, dann wieder aufkochen lassen. Die Gemüsestreifen hineingeben und etwa 5 Minuten leicht kochen lassen. Das Hähnchenfleisch und die Muschelnudeln dazugeben, mit Muskatnuß und Salz abschmecken und mit frischen Kräutern bestreut servieren.
Dazu frisches Siebenkornbrot oder Sonnenblumenkernbrot reichen.

Pro Portion etwa: 620 kcal, 47 g Kohlenhydrate, 61 g Eiweiß , 21 g Fett

Hühnercremesuppe mit Mais

Zutaten für 4 Personen

1 kleine Zwiebel
30 g Sellerie
50 g Lauch
3 EL Butter oder gute Pflanzenmargarine
100 g Maismehl
1 l Hühnerbrühe
200 g Sahne
100 g Maiskörner (aus der Dose oder tiefgekühlt)
80 g Hähnchenbrustfilet
Jodsalz
weißer Pfeffer aus der Mühle
2–3 Petersilienstiele

1. Die Zwiebel schälen, den Sellerie und den Lauch waschen und putzen. Alles in kleine Würfel schneiden. Die Petersilie waschen, trockenschütteln und fein hacken. Die Butter oder Margarine leicht erhitzen, das Gemüse darin hellbraun anrösten.
2. Das Maismehl dazugeben, danach mit der kalten Brühe auffüllen. Unter ständigem Rühren zum Kochen bringen und einige Minuten köcheln lassen. Durch ein feines Sieb gießen.
3. Die Sahne und die Maiskörner unter die Suppe rühren und diese wieder aufkochen lassen. Das Hähnchenbrustfilet kalt abwaschen, in feine Streifen schneiden und zur Suppe geben, noch einige Minuten garen.
4. Die Suppe mit Salz und Pfeffer abschmecken und mit gehackter Petersilie bestreut servieren.

Pro Portion etwa: 360 kcal, 23 g Kohlenhydrate, 9 g Eiweiß, 26 g Fett

In Mais stecken etliche Mineralstoffe, wenn auch nicht in der Menge wie in anderen Getreidesorten. Dennoch sorgen die kleinen gelben Körnchen für Abwechslung. Da die Eiweißstoffe, die wir unserem Körper mit der Nahrung zuführen müssen, kaum in Mais enthalten sind, sollte man Maisgerichte stets durch etwas Fleisch oder durch Bohnen ergänzen.

Maultaschen in der Brühe

Zutaten für 4 Personen

Für den Teig: 250 g Mehl, 3 Eier
Jodsalz, 1 EL Olivenöl
Für die Füllung: 150 g tiefgekühlter
Blattspinat, 2 Brötchen (möglichst
Vollkorn), 150 g Rinderhackfleisch
2 Eier, 1 EL gehackte Petersilie
1 Zwiebel (in Würfel geschnitten)
Jodsalz, Pfeffer aus der Mühle
frisch geriebene Muskatnuß
Sonstige Zutaten: 1 l Fleischbrühe
1 Zwiebel (in Würfel geschnitten)
2 EL Butter, 1 EL gehackte Petersilie

1. Aus dem Mehl, Eiern, 1 TL Salz und dem Olivenöl einen glatten Nudelteig kneten. In zwei gleich große Teile schneiden und etwa 15 Minuten ruhen lassen.
2. Den Spinat in einen Topf geben und bei schwacher Hitze auftauen. Die Brötchen in Wasser einweichen.
3. Die Brötchen gut ausgedrückt in eine Schüssel geben. Hackfleisch, 2 Eier, Petersilie, Zwiebelwürfel dazugeben, alles mit Salz, Pfeffer und Muskatnuß würzen und gut vermengen. Zuletzt den Spinat untermengen.
4. Beide Teigportionen auf der leicht bemehlten Arbeitsfläche hauchdünn zu rechteckigen Platten ausrollen. Eine der Platten mit Mehl bestäuben, leicht zusammenrollen und beiseite legen.
5. Die zweite Platte mit dem verquirlten Ei einpinseln, 5 bis 6 cm große Quadrate darauf markieren. Auf jedes der Quadrate 1 EL der Füllung geben.
6. Die zweite Teigplatte wieder auseinanderrollen und vorsichtig über die Teigplatte mit den Spinathäufchen legen. Zwischen den Spinathäufchen leicht andrücken, mit einem Teigrädchen die Quadrate ausschneiden.
7. Die Brühe in einem Topf zum Kochen bringen. Die Maultaschen hineingeben, aufkochen lassen und bei reduzierter Hitze 15 bis 20 Minuten ziehen lassen.
8. Zum Servieren die Zwiebelwürfel in der Butter in einer Pfanne hellbraun braten. Die Maultaschen mit der Brühe auf tiefe Teller geben, mit den gerösteten Zwiebeln und etwas Petersilie garnieren.
Probieren Sie dazu Blattsalat oder einen Kartoffelsalat.

Pro Portion etwa: 640 kcal, 59 g Kohlenhydrate,
31 g Eiweiß, 31 g Fett

Rinderkraftbrühe

Zutaten für 4 Personen

1 kleine Möhre
1/2 kleine Lauchstange
250 g Rindfleisch
2 Eiweiß
4 Petersilienstiele
etwas Kerbel
1 EL Tomatenmark
200 g Eiswürfel
1 l Fleischbrühe

1. Die Möhre und den Lauch waschen und putzen, zusammen mit dem Rindfleisch durch den Fleischwolf (grobe Scheibe) in einen großen Topf drehen.
2. Das Eiweiß kurz anschlagen. Die Kräuter waschen, trockenschütteln und hacken, mit dem Tomatenmark und den Eiswürfeln zum Hackfleisch geben und gut miteinander vermischen.
3. Die kalte Fleischbrühe dazugießen und mit einem Schneebesen gut verrühren. Alles unter ständigem Rühren schnell bis zum Siedepunkt erhitzen – das Eiweiß steigt dann als dicke Schicht an die Oberfläche auf, und die Kraftbrühe ist geklärt. Nun nicht mehr rühren und nicht weiter kochen lassen.
4. Die Brühe 30 bis 60 Minuten auf dem Siedepunkt halten. Nicht kochen lassen, sonst wird sie trübe. Die Brühe anschließend durch ein Tuch abseihen und abschmecken.

Pro Portion etwa: 130 kcal, 3 g Kohlenhydrate,
16 g Eiweiß, 6 g Fett

Grünkernsuppe mit Croûtons

Zutaten für 4 Personen

40 g Möhre
40 g Sellerie
40 g Lauch
4 EL Butter
1 l Kraftbrühe
(ersatzweise kräftige Fleischbrühe)
40 g Grünkernmehl
40 g Grünkerngrieß
100 g Toastbrot (möglichst Vollkorn)
100 g Sahne
Jodsalz
schwarzer Pfeffer aus der Mühle

1. Das Gemüse waschen, putzen und in kleine Würfel oder feine Streifen schneiden. 2 EL Butter in einem Topf erhitzen, die Gemüse darin leicht anrösten. Mit ¼ l Brühe ablöschen und zugedeckt bei schwacher Hitze etwa 30 Minuten köcheln lassen. Anschließend im Mixer oder mit einem Pürierstab im Topf pürieren.
2. ¼ l kalte Brühe mit dem Grünkernmehl und dem Grünkerngrieß glattrühren und etwas quellen lassen.
3. Die restliche Brühe (½ Liter) und das Gemüsepüree zum Kochen bringen, die Grünkernmischung langsam unterrühren. Unter häufigem Rühren bei schwacher Hitze etwa 30 Minuten kochen lassen.
4. Das Toastbrot in kleine Würfel schneiden. Die restliche Butter in einer Pfanne aufschäumen lassen, die Toastbrotwürfel darin goldbraun anrösten.
5. Die Grünkernsuppe vom Herd nehmen und die Sahne unterrühren. Abschmecken, auf tiefe Teller verteilen und die Croûtons darüberstreuen.

Pro Portion etwa: 370 kcal, 31 g Kohlenhydrate, 4 g Eiweiß, 26 g Fett

Grünkern – das sind die unreif geernteten, später gedarrten Körnchen einer speziellen Weizenart, des Dinkels. Grünkern ist reich an Phosphor, Eisen und Magnesium und regt den Stoffwechsel an – gut also für müde Geister.

Grießsuppe mit Salatstreifen

Zutaten für 4 Personen

2 EL Butter
50 g Weizengrieß
1 l Fleischbrühe
½ Bund Petersilie
1 Eigelb
100 g Sahne
Jodsalz
schwarzer Pfeffer aus der Mühle
4 große Blätter Kopfsalat

1. Die Butter in einem Topf aufschäumen. Den Grieß einrühren und leicht anschwitzen, dann unter Rühren mit der Brühe ablöschen.
2. Die Petersilie waschen, die Stiele in die Suppe geben. Alles zugedeckt bei schwacher Hitze etwa 15 Minuten kochen lassen.
3. Die Petersilie aus der Suppe entfernen. In einer kleinen Schüssel das Eigelb mit der Sahne verrühren. Etwas Suppe vorsichtig unter die Eiersahne ziehen, dann diese Mischung unter die übrige Suppe rühren. Nicht mehr kochen lassen, da das Ei sonst gerinnt. Die Suppe nach Belieben abschmecken.
4. Die Salatblätter waschen und in feine Streifen schneiden. Die Suppe anrichten und mit den Salatstreifen bestreuen.

Pro Portion etwa: 240 kcal, 11 g Kohlenhydrate, 4 g Eiweiß, 20 g Fett

Wertvolle Mineralstoffe werden aus der Petersilie ausgeschwemmt – direkt in die Suppe hinein. Dadurch landen sie später auf dem Teller. Umgekehrt bedeutet dies aber auch, daß die wichtigen Mineralien verlorengehen, wenn Gemüse in viel Wasser gekocht und das Wasser später weggegossen wird. Deshalb: Gemüse stets dämpfen oder zugedeckt in ganz wenig Wasser dünsten.
Gehen Sie mit Sahne stets sehr sparsam um, sie verfeinert zwar den Geschmack, erhöht aber gleichzeitig auch den Fettgehalt. Experimentieren Sie doch mal mit saurer Sahne.

Badische Kartoffelsuppe mit Apfelküchle

Zutaten für 4 Personen

Für die Suppe:
300 g mehligkochende Kartoffeln
1 kleine Möhre, 1 kleine Lauchstange
1 kleines Stück Sellerie, 1 Zwiebel
100 g geräucherter Bauchspeck
1 EL Butter, 1 l Fleischbrühe
125 g saure Sahne
Jodsalz, Pfeffer aus der Mühle
4 EL gehackte Petersilie
1–2 EL gehackter Majoran
Für die Apfelküchle:
Öl oder Pflanzenfett zum Ausbacken
1 Ei (getrennt), 2 EL Mehl
Jodsalz, 100 ml Bier
3 säuerliche Äpfel
2 EL mit Zimt vermischter Zucker

1. Für die Suppe die Kartoffeln schälen und waschen, das Gemüse waschen und putzen. Kartoffeln, Gemüse und den Bauchspeck in kleine Würfel schneiden.
2. Den Speck und die Butter in einen großen Topf geben, Speck gut anbraten. Gemüse dazugeben, Farbe annehmen lassen, dann Kartoffeln untermischen. Brühe angießen, alles etwa 30 Minuten köcheln lassen.
3. Die Suppe im Mixer oder mit dem Pürierstab pürieren, mit Salz und Pfeffer abschmecken und die Sahne unterrühren. Nicht mehr kochen lassen, aber warm halten, zum Servieren mit den Kräutern bestreuen.
4. Für die Apfelküchle das Fett zum Ausbacken auf 180°C erhitzen. Das Eigelb mit dem Mehl, Salz und Bier glattrühren. Das Eiweiß zu steifem Schnee schlagen und leicht unter den Bierteig heben.
5. Die Äpfel schälen, die Kerngehäuse ausstechen. Die Äpfel in Scheiben schneiden, durch den Bierteig ziehen und im heißen Öl von beiden Seiten goldgelb backen.
6. Fertige Küchle aus dem Öl heben und auf Küchenpapier gut abtropfen lassen. In dem Zimtzucker wenden und getrennt zur Suppe reichen.

Pro Portion etwa: 600 kcal, 43 g Kohlenhydrate, 8 g Eiweiß, 43 g Fett

Schneller Gemüseeintopf

Zutaten für 4 Personen

2 große festkochende Kartoffeln
1 l Fleischbrühe
500 g gemischtes Tiefkühl-Gemüse
3 Rindswürstchen (etwa 350 g)
2–3 Petersilienstiele
1 TL gehackte Thymianblättchen
Selleriesalz
Pfeffer aus der Mühle

1. Die Kartoffeln schälen, waschen und in kleine Würfel schneiden. In einem großen Topf die Brühe aufkochen lassen. Die Kartoffelwürfel hineingeben und etwa 5 Minuten garen.
2. Das Tiefkühlgemüse dazugeben, aufkochen und etwa 5 Minuten leicht kochen lassen – es sollte noch einen guten Biß haben.
3. Die Rindswürstchen in feine Scheiben schneiden und in den Eintopf geben. Petersilie waschen, fein hacken und mit dem Thymian ebenfalls dazugeben. Alles mit Salz und Pfeffer abschmecken.
Dazu am besten Vollkornbrot reichen.

Pro Portion etwa: 360 kcal, 10 g Kohlenhydrate, 15 g Eiweiß, 29 g Fett

Reich an Kalium und Vitamin B_1 ist dieser Gemüseeintopf, an Stoffen also, die für den so wichtigen Kohlenhydratstoffwechsel unverzichtbar sind. Ein wertvolles, schnelles Mahl somit für den siegesgewillten Fußballspieler!
Gemüse aus der Tiefkühltruhe ist eine ausgezeichnete Alternative zu frischer Ware, wird es bei der Verarbeitung doch „erntefrisch" auf Eis gelegt. Dadurch bleibt der größte Teil der gesunden Inhaltsstoffe enthalten, weit mehr jedenfalls, als wenn das Gemüse tagelang im Supermarkt oder bei Ihnen im Kühlschrank liegt.
Die Kräuter können Sie nach Belieben variieren, verwenden Sie beispielsweise Liebstöckel, Oregano oder Schnittlauch.

Kartoffelcremesuppe mit Lauch

Zutaten für 4 Personen

1 Lauchstange
1/2 Bund Petersilie
300 g mehligkochende Kartoffeln
1 kleine Möhre
1 kleines Stück Sellerie (etwa 40 g)
1 kleine Zwiebel
100 g geräucherter Bauchspeck
1 EL Butter
1 l Fleischbrühe
Jodsalz
weißer Pfeffer aus der Mühle
125 g saure Sahne

1. Den Lauch putzen und waschen. Die weißen Teile in kleine Würfel, das zarte Grün in schmale Streifen schneiden. Die Hälfte des Lauchs in etwas Salzwasser kurz garen, dann abseihen. Petersilie waschen, trockenschütteln und hacken.
2. Kartoffeln, Möhre, Sellerie und die Zwiebel schälen und in kleine Würfel schneiden. Den Speck ebenfalls in kleine Würfel schneiden.
3. In einem großen Topf die Butter aufschäumen lassen, die gewürfelten Zutaten hineingeben und leicht anrösten. Mit der Fleischbrühe aufgießen und alles bei schwacher Hitze etwa 30 Minuten kochen lassen.
4. Alle Zutaten im Mixer oder mit dem Pürierstab im Topf pürieren. Mit Salz und Pfeffer abschmecken, dann die saure Sahne unterrühren. Zuletzt die feinen Lauchstreifen in die pürierte Suppe geben und diese mit gehackter Petersilie bestreut servieren.

Pro Portion etwa: 410 kcal, 11 g Kohlenhydrate, 5 g Eiweiß, 39 g Fett

Dieses Rezept zeigt auf besonders schmackhafte Weise, wie eine cremige Suppe entsteht, ohne daß Mehl verwendet wird. Kartoffeln und Gemüse werden in der Brühe püriert und sorgen so für Bindung. Dieses Prinzip können Sie eigentlich bei jeder Suppe und Sauce einsetzen, die nicht klar bleiben soll.
Auch hier gilt: Speck nur sparsam einsetzen.

Frankfurter Linsensuppe

Zutaten für 4 Personen

100 g braune Linsen (Tellerlinsen)
600 ml Wasser
60 g geräucherter Schweinebauch
1 Bund Suppengemüse
1 Knoblauchzehe, 1 kleine Zwiebel
2 Kartoffeln, 2 EL Öl
1 EL Tomatenmark
3/4 l Fleischbrühe, 1 Lorbeerblatt
1 EL Weinessig
Jodsalz, Pfeffer aus der Mühle
2 Frankfurter Würstchen
1 EL gehackte Petersilie

1. Die Linsen gut waschen, danach 3 bis 4 Stunden am besten über Nacht in Wasser einweichen.
2. Den Speck in kleine Würfel schneiden. Das Gemüse waschen, putzen und in kleine Würfel schneiden. Den Knoblauch schälen und durch die Presse drücken. Die Zwiebel schälen und klein würfeln. Die Kartoffeln schälen, waschen und ebenfalls klein würfeln.
3. In einem großen Topf das Öl erhitzen, den Speck und die Zwiebel darin leicht anbraten. Die Gemüsewürfelchen und den Knoblauch mit anrösten, danach auch das Tomatenmark kurz mit anrösten.
4. Die Kartoffeln und die Linsen (mit dem Einweichwasser) dazugeben, mit der Brühe auffüllen und das Lorbeerblatt dazugeben. Alles etwa 90 Minuten bei schwacher Hitze köcheln lassen.
5. Lorbeerblatt entfernen und alle Zutaten mit einem Pürierstab direkt im Topf kurz zerkleinern, aber nicht pürieren. Mit Essig, Salz und Pfeffer abschmecken.
6. Die Würstchen in feine Scheiben schneiden und auf Suppenteller oder in Suppentassen geben, mit der Suppe auffüllen und mit Petersilie bestreuen.

Pro Portion etwa: 450 kcal, 22 g Kohlenhydrate, 17 g Eiweiß, 32 g Fett

Wie alle Hülsenfrüchte versorgen auch Linsen den Fußballer sehr gut mit Kohlenhydraten und Eiweiß. Auch Eisen, das die Ausdauer stärkt, und die B-Vitamine, die für die Muskeln und die Energiegewinnung wichtig sind, finden sich reichlich in Linsen. Wer den Fettgehalt etwas reduzieren möchte, nimmt fettarme Würstchen.

Weiße-Bohnen-Eintopf

Zutaten für 4 Personen

200 g getrocknete weiße Bohnen
300 g geräucherter Schweinebauch
1 Lorbeerblatt, 600 g Kartoffeln
1 Möhre, 1 Zwiebel
1 Stück Knollensellerie
1/2 kleine Lauchstange
1 EL Öl
Jodsalz, Pfeffer aus der Mühle
2–3 EL frisch gehackte Kräuter
(z. B. Bohnenkraut, Petersilie)

1. Die Bohnen gut waschen und in eine Schüssel geben, mit reichlich kaltem Wasser bedecken und über Nacht einweichen.
2. Die Bohnen mit dem Einweichwasser in einen Topf geben – dabei sollte das Wasser mindestens 10 cm über den Bohnen stehen. Das Wasser zum Kochen bringen, den aufsteigenden Schaum mehrmals mit einer Schaumkelle abschöpfen.
3. Den geräucherten Schweinebauch und das Lorbeerblatt dazugeben und alles etwa 40 Minuten zugedeckt leicht köcheln lassen.
4. Inzwischen die Kartoffeln schälen und waschen. Das Gemüse waschen, putzen und alles in kleine Würfel schneiden. Das Öl in einer Pfanne erhitzen, das Gemüse darin goldgelb anrösten. Vom Herd nehmen.
5. Nach den 40 Minuten Garzeit den Schweinebauch aus dem Topf nehmen. Bei den Bohnen den Garzustand prüfen – sie sollten gut bißfest sein. Eventuell die Bohnen noch einige Minuten garen.
6. Das Gemüse und die Kartoffeln zu den Bohnen geben und alles noch gut 10 Minuten garen.
7. Den Schweinebauch von der Schwarte befreien und klein würfeln, in den Topf geben und alles mit Salz und Pfeffer abschmecken. Mit Kräutern bestreut servieren.

Pro Portion etwa: 550 kcal, 26 g Kohlenhydrate, 10 g Eiweiß, 45 g Fett

**Durch Kartoffeln und Bohnen liefert dieser Eintopf viel Kalium (etwa 760 mg pro Portion), das Muskelverletzungen vorbeugen kann.
Schweinebauch gibt dem ganzen zwar den nötigen Geschmack, ist aber wegen seines Fettgehalts sparsam zu verwenden. Beim Gemüse können Sie dagegen ruhig kräftiger zugreifen.**

Fischfond

Zutaten für 4 Personen

1 kg Fischabschnitte (Gräten, Köpfe)
etwa 100 g Gemüse (Möhren,
Sellerie, Lauch und Zwiebel)
2 Dillzweige
2 Petersilienstiele
1 Lorbeerblatt
1/2 TL Fischgewürz (Fertigprodukt)
1 1/2 l Wasser
Jodsalz
weißer Pfeffer aus der Mühle

1. Die Fischabschnitte unter kaltem Wasser gründlich waschen. Das Gemüse waschen, putzen und in kleine Würfel schneiden.
2. Fischabschnitte, Gemüsewürfel, gewaschene Kräuterzweige, das Lorbeerblatt und etwas Fischgewürz in einen Topf geben, gut mit kaltem Wasser bedecken. Zum Kochen bringen, dabei mehrmals den Schaum abschöpfen. Offen bei schwacher Hitze 30 bis 40 Minuten sieden lassen, anschließend durch ein feines Sieb gießen und mit Salz und Pfeffer würzen.

Pro Portion etwa: 31 kcal, keine Kohlenhydrate,
3 g Eiweiß, 2 g Fett

Fischabschnitte bekommen Sie kostenlos oder für sehr wenig Geld bei Ihrem Fischhändler.
Am besten kochen Sie gleich die doppelte Menge Fond und frieren ihn portionsweise in kleinen Tiefkühlbehältern ein. So haben Sie ohne zusätzliche Arbeit in den folgenden Wochen und Monaten stets eine schmackhafte Grundlage für verschiedene Fischsaucen und Fischsuppen.

Hühnerbrühe

Zutaten für 4 Personen

1 Zwiebel
1 Lorbeerblatt, 2 Nelken
1 kleines Suppenhuhn (etwa 1 kg)
1 1/4 l Wasser
200 g Suppengemüse
1 TL Pfefferkörner
Jodsalz

1. Zwiebel schälen und schräg einschneiden, Lorbeerblatt in den Schnitt geben, mit Nelken spicken.
2. Wasser zum Kochen bringen, Suppenhuhn waschen und mit einer Geflügelschere in vier Teile zerlegen und in das kochende Wasser geben.
3. Suppengemüse putzen und waschen, mit der gespickten Zwiebel und den Pfefferkörnern in den Topf geben. Aufkochen lassen, abschäumen, danach 1 TL Salz dazugeben. Zwischen Topf und Deckel einen Kochlöffel legen, so daß der Topf nicht ganz geschlossen ist. 60 bis 90 Minuten sieden lassen. Nach 1 Stunde kontrollieren, ob das Fleisch gar ist.
4. Die Brühe durch ein feines Sieb geben, nach Belieben entfetten.

Pro Portion etwa: 65 kcal, keine Kohlenhydrate,
2 g Eiweiß, 6 g Fett

Eine Brühe ist die Basis für gute Suppen und Saucen. Wenn diese ganz besonders aromatisch geraten sollen, kocht man am besten einen Fond. Dafür benötigen Sie zwar etwas Zeit, die Zubereitung jedoch ist ganz einfach. Für einen hellen Hühnerfond 2 bis 3 Bund Suppengemüse putzen und in kleine Würfel schneiden, 2 Zwiebeln schälen und halbieren. Beides zusammen mit 1,5 kg Hühnerklein, 1 Lorbeerblatt und 2 TL Pfefferkörnern, je 3 Thymian- und Petersilienzweigen sowie 2 gewürfelten Tomaten in einen großen Topf geben, 2 ½ Liter kaltes Wasser angießen und alles zum Kochen bringen. Ohne Deckel etwa 90 Minuten bei schwacher Hitze leicht köcheln lassen, zwischendurch ab und zu den Schaum abschöpfen. Nach der Kochzeit sollte ungefähr 1 Liter Fond übrigbleiben. Den Fond durch ein mit einem Mulltuch ausgelegtes Sieb gießen und anschließend erkalten lassen. Zum Entfetten die sich oben absetzende weiße Schicht entfernen.
Das Hühnerfleisch läßt sich z. B. gut zu Hühnerfrikassee oder zu Salat weiterverarbeiten.

Fleischbrühe

Zutaten für 4 Personen

750 g Knochen
1 Zwiebel
1 1/4 l Wasser
300 g Rindfleisch zum Kochen
200 g Suppengemüse
100 g Kohlblätter
1 Knoblauchzehe
1 Lorbeerblatt
Jodsalz

1. Knochen waschen, mit kaltem Wasser in einem Topf aufkochen, danach in einem Sieb abgießen und kalt abwaschen. Die Zwiebel mit Schale halbieren und mit den Schnittflächen nach unten in einer trockenen Pfanne dunkelbraun anrösten.
2. Knochen mit 1 ¼ Liter kaltem Wassser erneut zum Kochen bringen, abschäumen und das Fleisch zugeben. Kochlöffel so auf den Topfrand legen, daß zwischen Topf und Deckel ein Spalt offenbleibt. Etwa 60 Minuten sieden lassen.
3. Suppengemüse und Kohlblätter putzen und waschen. Knoblauch schälen. Alles mit dem Lorbeerblatt und den gerösteten Zwiebeln zum Fleisch geben und 1 TL Salz zugeben.
4. Die Brühe 3 bis 4 Stunden auf dem Siedepunkt – leicht köchelnd – halten und danach abseihen, nach Belieben zusätzlich entfetten.

Pro Portion etwa: 55 kcal, keine Kohlenhydrate, 2 g Eiweiß, 5 g Fett

Brühen sollten immer offen eingekocht werden, da sie sonst trüb werden. Wenn Sie die Brühe entfetten möchten, sollten Sie sie möglichst bereits am Vortag kochen und über Nacht in den Kühlschrank stellen, damit sich das Fett an der Oberfläche als weiße Schicht absetzt und Sie es am nächsten Tag abheben können. Oder Sie halten einfach ein Stück Küchenpapier vorsichtig knapp über die frisch gekochte Brühe. So saugt das Papier die auf der Oberfläche schwimmenden Fettaugen auf. Diesen Vorgang am besten mehrmals wiederholen.
Rindfleisch läßt sich z. B. gut zu Rindfleisch mit Meerrettichsauce oder zu Rindfleischsalat weiterverarbeiten.

Gemüsebrühe

Zutaten für 4 Personen

750 g gemischtes Gemüse
(auch Gemüsereste)
1 1/4 l Wasser
2 TL Pfefferkörner
2 Lorbeerblätter
Jodsalz

1. Das Gemüse waschen, putzen und grob zerkleinern, in einen großen Topf geben. Mit dem kalten Wasser bedecken.
2. Pfefferkörner, Lorbeerblätter und 1 TL Salz dazugeben. Alles aufkochen lassen und bei mittlerer Hitze zugedeckt, aber mit dem Kochlöffel auf den Rand gelegt, so daß ein Spalt offenbleibt, etwa 30 bis 40 Minuten köcheln lassen. Danach abseihen.

Pro Portion etwa: 15 kcal, keine Kohlenhydrate, 1 g Eiweiß, 1 g Fett

Für diese Art Brühe können Sie eigentlich jede Gemüsesorte verwenden. Natürlich beeinflußt die Wahl der Sorte den Geschmack der fertigen Brühe. Jeder Fußballspieler sollte ja täglich frisches Gemüse essen, dabei fallen dann reichlich Schalen und Abschnitte an. Werfen Sie diese nicht weg, sondern sammeln Sie sie zwei oder drei Tage lang im Kühlschrank, um dann nach dem angegebenen Rezept eine feine Brühe daraus zu kochen.

Beilagen

Beilagen – die energiereichen Sattmacher

In ihnen steckt die geballte Kraft der gesunden, komplexen Kohlenhydrate. Die liefern bekanntlich die unverzichtbaren Brennstoffe für Muskeln, Nerven und Gehirn. Dazu kommen reichlich Ballaststoffe, auch sie sind für jeden Kicker überaus nützlich. Mit ein bißchen Übertreibung kann man die Beilagen Kartoffeln, Knödel, Reis, Nudeln durchaus als Wunderwaffe des Fußballers betrachten. Das Institut für Sporternährung e.V., Bad Nauheim, empfiehlt, mehr als die Hälfte der täglichen Energie in Form von Kohlenhydraten zu sich zu nehmen.

Der Bedarf an Kohlenhydraten ist ohne Beilagen gar nicht zu decken. Kartoffeln & Co. sind deshalb auch fester Bestandteil jedes Speiseplans, den Fritz Westermann für die Elite-Fußballer aufstellt.

Power unter der Pelle

Die „tolle Knolle": Kartoffeln sind wahrlich kleine Vitamin- und Mineralstoffbomben. Sie sind reich an energiespendender Stärke, wertvollem Eiweiß, Vitamin C, den B-Vitaminen, Fluorid, Kalium (Entwässerung), ausdauerstärkendem Eisen, dem für die Muskeln so wichtigen Magnesium, Phosphor, Kupfer, Zink und Kobalt, das viele Enzyme aktiviert. Kartoffeln machen auch keineswegs dick. 100 Gramm haben nur etwa 70 Kalorien. Mit einer kleinen Portion (150 g) können wir bereits einen Großteil des Bedarfs an wichtigen Nährstoffen decken. Die stecken ganz geballt vor allem direkt unter der Schale. Durch das Schälen geht leider schon einiges verloren, ebenso durch auslaugendes Kochen und allzu langes Warmhalten. Nur als Pellkartoffel kann der Erdapfel seine volle Power bieten.

Vom Grundnahrungsmittel zur simplen Sättigungsbeilage: Ernährungswissenschaftler sind besorgt, weil der Kartoffelkonsum ständig abnimmt. 1950 wurden hierzulande noch 186 Kilogramm pro Kopf gegessen, heute ist es nicht einmal mehr die Hälfte. Und der größte Teil wiederum wird dann „veredelt" gegessen – in Form von Chips, Kroketten, Püree oder Pommes frites. Aber in diesem Zustand sind die allermeisten kartoffeleigenen Vitamine und Mineralien futsch, dafür gibt's dann jede Menge Fett.

Für Nebenrollen viel zu schade

Zugegeben: Kartoffeln sind vom gesundheitlichen Wert her unschlagbar und bei uns die Beilagen-Klassiker. Aber auch Reis, Nudeln (Pasta) und Knödel sind wertvolle Kohlenhydratlieferanten, die zudem für schmackhafte Abwechslung sorgen. Was sind schließlich ein saftiger Braten oder ein zarter Fisch ohne passende Begleitung? Ein Schweinsbraten ohne Knödel – in Bayern ist das völlig undenkbar. Die Schwaben reichen zum sahnigen Geschnetzelten natürlich frisch geschabte Spätzle, und zum würzigen Chili Mexikos gehört einfach ein körnig gekochter Reis.

Hätten Sie gewußt, wie vielseitig sich Nudeln und Reis zubereiten lassen? Garen Sie Reis in Tomaten- oder Möhrensaft, schwenken Sie gekochte Nudeln vor dem Servieren in gebräunter Knoblauchbutter oder in Walnußöl – schon ist eine völlig neue Beilage entstanden. Ob Sie sich nun an die klassischen Kombinationen halten oder öfter einmal Neues ausprobieren – der Fußballspieler wählt bei Reis und Nudeln natürlich die Vollkornvariante, und seine Knödel bereitet er aus Vollkornbrot und Vollkorngrieß zu.

Thomas Häßler

Kartoffelsorten: Wozu sie taugen			
	Eignen sich besonders für	**Wichtige Sorten**	**Banderolenfarbe bei abgepackter Ware**
Festkochende Kartoffeln	**Salate, Bratkartoffeln, Suppeneinlage, aber auch Salz- und Pellkartoffeln**	**Cilena, Exquisa Forelle, Hansa Linda, Nicola Selma, Sieglinde**	**grün**
Vorwiegend festkochende Kartoffeln	**Salzkartoffeln Pellkartoffeln Pommes frites Baked potatoes**	**Arkula, Berber Christa, Désirée, Gloria Granola, Karat Quarta, Roxy Secura**	**rot**
Mehligkochende Kartoffeln	**Püree, Puffer cremige Suppen Eintöpfe, Knödel**	**Adretta, Aula Irmgard, Likaria**	**blau**

Tip von Fritz Westermann:

Wenn Sie sich die Vitalstoffe in vollem Umfang sichern wollen, sollten Sie die Kartoffeln frisch beim Gemüsehändler kaufen, in der guten alten Papiertüte. Abgepackt in Folien, schwitzen die Kartoffeln, werden leicht feucht und schimmeln. Frisch geerntete Frühjahrskartoffeln sind übrigens viel Vitamin-C-reicher als Ackerfrüchte, die im Keller überwintert haben.

Folienkartoffeln

Zutaten für 4 Personen

4 mehligkochende Kartoffeln
(je etwa 200 g)
3–4 Petersilienstiele
1/2 Bund Schnittlauch
2 Knoblauchzehen
4 EL Crème fraîche
125 g Quark (Magerstufe)
Jodsalz
schwarzer Pfeffer aus der Mühle

1. Den Backofen auf 220° C vorheizen. Die Kartoffeln gut waschen und einzeln in Alufolie wickeln. Auf dem Rost in den Backofen schieben und in 45 bis 50 Minuten garen.
2. Inzwischen die Kräuter waschen und trockenschütteln. Die Petersilie kleinhacken und den Schnittlauch in feine Röllchen schneiden. Den Knoblauch schälen und zerdrücken oder hacken, mit der Crème fraîche, dem Quark und den Kräutern verrühren, mit etwas Salz und Pfeffer abschmecken.
3. Mit einem Messer die Folienkartoffeln kreuzweise einschneiden. Die Kartoffeln der Länge nach auseinanderdrücken und mit der Kräutercreme füllen.
Die klassische und perfekte Beilage zu Steaks.

Pro Portion etwa: 290 kcal, 33 g Kohlenhydrate, 9 g Eiweiß, 12 g Fett

Wohl die beste und gesündeste Art, Kartoffeln zu garen. Sie kommen fest umhüllt in den Ofen, die gesunden Inhaltsstoffe können nicht entweichen. Entsprechend hoch ist der Gehalt an Vitaminen und Mineralstoffen.

Gekochte Kartoffelklöße

Zutaten für 4 Personen

1 kg mehligkochende Kartoffeln
2 Scheiben Toastbrot
(möglichst Vollkorn)
2 EL Butter, 100 g Mehl
(und etwas Mehl zum Bearbeiten)
50 g Kartoffelstärke oder Grieß
2 Eier, 1 EL gehackte Petersilie
Jodsalz, frisch geriebene Muskatnuß
50 g Semmelbrösel
(möglichst Vollkorn)

1. Am Vortag die Kartoffeln waschen und ungeschält in wenig Salzwasser garen. Auskühlen lassen.
2. Das Toastbrot in kleine Würfel schneiden. 1 EL Butter in einer Pfanne erhitzen, die Brotwürfel darin goldbraun rösten.
3. Die Kartoffeln schälen und durch eine Kartoffelpresse drücken. Mehl, Kartoffelstärke, Eier, Petersilie sowie etwas Salz und Muskatnuß dazugeben und alles gründlich vermengen.
4. In einem breiten Topf reichlich Salzwasser aufkochen lassen. Einen kleinen Probeknödel formen und in das Wasser geben. Fällt er auseinander, etwas mehr Kartoffelstärke zum Teig geben.
5. Klöße vorportionieren, am besten gelingt das mit einem Eisportionierer. Nach und nach die Klöße flach drücken, ein bis zwei Brotwürfel in die Mitte drücken und die Klöße mit bemehlten Händen rund formen.
6. Die Klöße in das kochende Wasser geben und kurz aufwallen lassen, dann die Hitze reduzieren und die Klöße etwa 20 Minuten ziehen lassen.
7. Restliche Butter in einer Pfanne zerlassen, Semmelbrösel hineingeben, goldbraun rösten. Die Klöße abtropfen lassen und mit den Semmelbröseln überziehen.
Die Knödel passen gleichermaßen zu Wildragout, Rehbraten oder Sauerbraten.

Pro Portion etwa: 490 kcal, 81 g Kohlenhydrate, 14 g Eiweiß, 11 g Fett

Gut ein Drittel des Tagesbedarfs an Vitamin B_6 deckt eine Knödelportion – gerade richtig, um das aufgenommene Eiweiß in Muskeln umzuwandeln.

Kartoffelgratin

Zutaten für 4 Personen

2 EL Butter
750 g festkochende Kartoffeln
1 Knoblauchzehe
200 ml Milch
250 g Sahne
Selleriesalz
schwarzer Pfeffer aus der Mühle
frisch geriebene Muskatnuß
50 g frisch geriebener Parmesan

1. Den Backofen auf 200° C vorheizen. Eine feuerfeste Form mit Butter ausstreichen. Die Kartoffeln schälen, waschen und in ½ cm dicke Scheiben schneiden, überlappend in der Form auslegen.
2. Den Knoblauch schälen, durch die Presse drücken, mit Milch, Sahne, Salz, Pfeffer und Muskatnuß verrühren. Gleichmäßig über die Kartoffeln gießen.
3. Den Parmesan über die Kartoffeln streuen und das Gratin im Ofen etwa 45 Minuten backen. Nach Ablauf der Zeit eine Garprobe mit einer Gabel oder einem spitzen Messer machen – die Kartoffeln sollten weich sein.
Eine feine Beilage zu Lamm, Gegrilltem, Fisch oder Rind.

Pro Portion etwa: 380 kcal, 19 g Kohlenhydrate, 9 g Eiweiß, 29 g Fett

Milch und Sahne liefern bei diesem Gratin reichlich Calcium, eine Portion Gratin deckt fast die Hälfte des Tagesbedarfs an diesem für Knochen, Muskeln und Nerven so wichtigen Mineral. Allerdings ist, vor allem in der Sahne, auch reichlich Fett enthalten. Wer damit etwas sparsamer umgehen will, verwendet ausschließlich Milch.
Wenn das Gratin zu früh dunkel wird, die Oberfläche mit einem Stück Alufolie abdecken und das Gratin dann fertiggaren.

Bouillonkartoffeln

Zutaten für 4 Personen

800 g festkochende Kartoffeln
je 1 kleines Stück Lauch, Möhre und Sellerie
¼ l Fleischbrühe
Jodsalz
schwarzer Pfeffer aus der Mühle
1 EL gehackte Petersilie
1 EL gehackter Kerbel

1. Die Kartoffeln schälen, waschen und in 1 cm große Würfel schneiden.
2. Das Gemüse waschen, putzen und in sehr feine Würfel schneiden.
3. Kartoffeln und Gemüse in einem Topf mischen, mit der Fleischbrühe auffüllen – die Zutaten sollten mit Brühe bedeckt sein.
4. Die Brühe aufkochen lassen und alles zugedeckt bei schwacher Hitze etwa 15 Minuten garen. Mit Salz und Pfeffer abschmecken und mit frisch gehackten Kräutern bestreuen.
Die passende Beilage für Tafelspitz oder gekochte Ochsenbrust.

Pro Portion etwa: 120 kcal, 23 g Kohlenhydrate, 3 g Eiweiß, 1 g Fett

Bei sehr geringer Kalorienzahl liefern die Bouillonkartoffeln eine Vielzahl gesunder Stoffe. Kartoffeln und Gemüse werden für diese Beilage in Brühe gegart und später auch serviert. Die beim Kochen ausgeschwemmten Mineralien kommen also mit auf den Teller. Sie sollten den Topf unbedingt zudecken, damit keine Inhaltsstoffe entweichen können.

Grießklöße

Zutaten für 4 Personen

800 ml Milch
200 g Sahne
40 g Butter
Jodsalz
frisch geriebene Muskatnuß
250 g Weizengrieß
6 Eier

1. In einem Topf die Milch mit der Sahne und der Butter aufkochen lassen, mit Salz und Muskatnuß würzen.
2. Unter ständigem Rühren mit einem Holzlöffel den Grieß einrieseln lassen und alles erhitzen, bis sich die Masse vom Topfboden und vom Löffel löst. Vom Herd nehmen. Nacheinander die Eier darunterziehen.
3. In einem breiten Topf reichlich Salzwasser aufkochen lassen. Dann die Hitze reduzieren, bis das Wasser gerade siedet.
4. Mit zwei Eßlöffeln längliche Klöße vom Grieß abstechen und diese in das siedende Wasser geben. Die Klöße in 15 bis 20 Minuten gar ziehen lassen (bis sie oben schwimmen), anschließend mit einem Schaumlöffel herausheben und gut abtropfen lassen.
Eine leckere Beilage zu Kalbsbraten oder Ragout, aber auch als sättigende Einlage für Kraftbrühen sehr gut geeignet.

Pro Portion etwa: 570 kcal, 55 g Kohlenhydrate, 26 g Eiweiß, 27 g Fett

Nahezu die Hälfte des Tagesbedarfs an Vitamin B_2 decken diese herzhaften Klöße. Vitamin B_2, auch Riboflavin genannt, hilft bei der Energiegewinnung, verbessert die Sehkraft und versorgt die Haut. Besonders Kinder und jugendliche Fußballer sollten Extraportionen bekommen, um Wachstumsstörungen vorzubeugen.

Parmesannocken

Zutaten für 4 Personen

700 ml Milch
Jodsalz
frisch geriebene Muskatnuß
80 g Butter
140 g Weizengrieß
1 Ei
3 Eigelb
100 g frisch geriebener Parmesan

1. Die Milch mit etwas Salz und Muskat würzen, 50 g Butter dazugeben und alles zum Kochen bringen. Den Weizengrieß langsam und unter starkem Rühren einrieseln lassen. Unter ständigem Rühren etwa 5 Minuten ausquellen lassen. Danach das Ei und 2 Eigelb unter den Grieß ziehen.
2. Ein Blech mit etwas zerlassener Butter fetten, die Masse gleichmäßig etwa 2 cm dick darauf verteilen und etwas abkühlen lassen.
3. Den Backofen auf 180° C vorheizen. Das dritte Eigelb in einer Tasse verquirlen, die Grießmasse damit bestreichen. Danach den Parmesan gleichmäßig darüber verteilen.
4. Halbmonde oder Taler aus der Grießmasse ausstechen oder die Grießmasse in kleine Quadrate schneiden. In eine breite, mit Butter ausgestrichene Form setzen, im Ofen in etwa 20 Minuten hellbraun backen.
Eine feine Beilage zu Kalbsrahmragout und Gulasch, aber auch zu Currygeschnetzeltem.

Pro Portion etwa: 540 kcal, 33 g Kohlenhydrate, 22 g Eiweiß, 35 g Fett

Viel Calcium enthalten diese Parmesannocken. Sie sind also eine ideale Beilage für alle Stars der Zukunft, deren Knochen große Mengen dieses Mineralstoffs für ihre Festigkeit benötigen.
Wenn Sie Vollkorngrieß verwenden, erhöhen Sie den Gehalt an Ballaststoffen und B-Vitaminen beträchtlich. Sie müssen nur etwas mehr Milch dazugeben, damit die Nocken nicht zu trocken werden.

Gratiniertes Kartoffelpüree

Zutaten für 4 Personen

Für das Kartoffelpüree:
1 kg mehligkochende Kartoffeln
etwa 200 ml Milch
100 g Sahne, 2 EL Butter
Jodsalz
frisch geriebene Muskatnuß
Zum Gratinieren:
1–2 EL zerlassene Butter
50 g frisch geriebener Parmesan

1. Die Kartoffeln waschen, schälen und in gleich große Stücke schneiden. Mit wenig leicht gesalzenem Wasser zum Kochen bringen und zugedeckt in etwa 20 Minuten garen.
2. Den Backofen auf 200°C vorheizen. Eine feuerfeste Form mit etwas Butter ausstreichen.
3. Die Kartoffeln abgießen, kurz ausdampfen lassen. Milch und Sahne zusammen zum Kochen bringen.
4. Die Kartoffeln durch eine Kartoffelpresse drücken, die heiße Milch-Sahne-Mischung mit einem Kochlöffel langsam unterrühren. Die Butter in kleinen Flöckchen ebenfalls unterrühren und das Püree mit Salz und Muskatnuß abschmecken.
5. Das Püree in die vorbereitete Form geben, mit einem angefeuchteten Löffel glätten und mit zerlassener Butter bestreichen. Den Parmesan gleichmäßig darüber verteilen und alles etwa 15 Minuten im Ofen bräunen.
Das Püree paßt wunderbar als Beilage zu Steaks und Schnitzeln, Schmorbraten oder im Ofen knusprig gebratener Schweineschulter. Aus übriggebliebenem Püree läßt sich so schnell eine tolle Beilage zaubern.

Pro Portion etwa: 380 kcal, 32 g Kohlenhydrate, 10 g Eiweiß, 23 g Fett

Kartoffelpüree ist denkbar einfach zuzubereiten und muß wahrhaftig nicht aus der Tüte stammen. Selbst Kochneulingen gelingt es garantiert. Damit in den gesunden Knollen die wertvollen Vitamine und Mineralstoffe bestmöglich erhalten bleiben, sollten sie fest zugedeckt in möglichst wenig Wasser gekocht oder, noch besser, gedämpft werden.

Schupfnudeln

Zutaten für 4 Personen

600 g mehligkochende Kartoffeln
2 Eier, Jodsalz, 40 g Mehl
(und etwas Mehl zum Bearbeiten)
1 EL gehackte Petersilie
10 g Kartoffelstärke
frisch geriebene Muskatnuß
2 EL Butter
1 EL Semmelbrösel

1. Die Kartoffeln waschen und ungeschält in wenig Wasser garen. Abgießen, dann so heiß wie möglich schälen und durch eine Kartoffelpresse in eine Schüssel drücken.
2. Die Eier, 1 bis 2 TL Salz, Petersilie, Mehl, Stärke und etwas Muskat dazugeben und alles mit einem Kochlöffel schnell zu einem glatten Teig verarbeiten.
3. Den Teig auf der bemehlten Arbeitsfläche portionsweise zu fingerdicken Rollen formen. Die Rollen in etwa 5 cm lange Stücke schneiden und diese mit bemehlten Händen noch einmal kurz in Form rollen.
4. In einem flachen Topf 3 bis 4 Liter Wasser zum Kochen bringen und gut salzen. Die Schupfnudeln in das sprudelnd kochende Wasser geben und darin kochen lassen, bis sie an die Oberfläche steigen. Hitze reduzieren, die Nudeln noch etwa 5 Minuten ziehen lassen.
5. In einer Pfanne die Butter aufschäumen, die Semmelbrösel darin goldbraun rösten.
6. Die Schupfnudeln mit einer Schaumkelle aus dem Wasser heben und dabei gut abtropfen lassen, die gerösteten Semmelbrösel darüber verteilen.
Beispielsweise zu gebratenem Fisch reichen und mit einem gemischten Salat ergänzen.

Pro Portion etwa: 240 kcal, 33 g Kohlenhydrate, 8 g Eiweiß, 8 g Fett

Kartoffeln gehören zu den besten Kaliumlieferanten überhaupt, deshalb deckt eine Portion dieser Schupfnudeln etwa ein Drittel des Tagesbedarfs eines Erwachsenen. Der Fußballer tut also gut daran, Schupfnudeln in der Regenerationsphase auf seinen Teller zu häufen, um seine Kohlenhydratspeicher wieder zu füllen.
Möchten Sie die Schupfnudeln vorbereiten, können Sie die gegarten Nudeln auch auf einem Küchentuch auskühlen lassen und erst später in Butter knusprig braun braten.

Berner Rösti

Zutaten für 4 Personen

1 kg gekochte Pellkartoffeln
(festkochende Sorte)
Jodsalz
schwarzer Pfeffer aus der Mühle
1 kleine Zwiebel
60 g magerer Räucherspeck
3–4 EL Butter

1. Die gekochten Kartoffeln schälen, grob raspeln und mit Salz und Pfeffer würzen.
2. Die Zwiebel schälen und in feine Würfel schneiden, den Speck ebenfalls fein würfeln. Beides in einer breiten Pfanne leicht anrösten, dann die Kartoffeln dazugeben und durch mehrmaliges Schwenken der Pfanne unter die Zwiebeln mischen.
3. Die Butter in einer beschichteten Pfanne zerlassen, die Kartoffelmischung hineingeben. Flach drücken, einen Rand formen und die Masse von beiden Seiten hellbraun und knusprig braten. Zum Servieren in Viertel schneiden. Oder die Kartoffelmasse portionsweise in einer kleinen beschichteten Pfanne nacheinander zu vier Rösti backen. Fertige Rösti dann im Ofen warm stellen, bis die anderen Portionen gebacken sind.
Rösti sind die klassische Beilage zu Geschnetzeltem, aber auch lecker zu Schnitzeln oder gebratenem Fisch.

Pro Portion etwa: 410 kcal, 37 g Kohlenhydrate, 6 g Eiweiß, 26 g Fett

Rösti unbedingt in einer beschichteten Pfanne zubereiten, damit nicht zuviel Fett benötigt wird. Dennoch ist der Fettgehalt dieser Beilage recht hoch, bedenken Sie dies bei der Zusammenstellung der übrigen Speisen des Tages. Fett sollte nicht mehr als 30 Prozent der täglichen Energieaufnahme ausmachen.

Serviettenknödel

Zutaten für 4 Personen

8 Brötchen (oder die gleiche
Menge Weizen- oder Toastbrot)
400 ml Milch
2 EL Butter
6 Eier
Jodsalz
frisch geriebene Muskatnuß

1. Die Brötchen in mittelgroße Würfel schneiden, in eine große Schüssel geben. Milch und Butter lauwarm erhitzen bzw. die Butter schmelzen lassen, über die Brötchen gießen. Alles vermengen und erkalten lassen.
2. Eier zu den eingeweichten Brötchen geben, alles mit Salz und Muskat würzen und gründlich vermengen.
3. Ein sauberes Küchentuch oder eine große Serviette in kaltes Wasser tauchen und danach ausdrücken. Auf der Arbeitsfläche ausbreiten und die Knödelmasse zu einer länglichen Rolle geformt darauf geben.
4. Die Knödelmasse in das Tuch einschlagen (nicht zu fest, die Masse dehnt sich beim Garen etwas aus), dabei die Enden des Tuches zusammendrehen oder mit Küchengarn verschnüren.
5. In einem breiten Topf reichlich Salzwasser aufkochen lassen, Hitze etwas reduzieren. Serviettenknödel in leicht kochendem Wasser in etwa 40 Minuten garen.
6. Den Serviettenknödel auf eine Platte geben, auswickeln und in Scheiben schneiden.
Eine perfekte Beilage zu Schmorbraten, Schweinebraten oder Gulasch.

Pro Portion etwa: 470 kcal, 51 g Kohlenhydrate, 22 g Eiweiß, 19 g Fett

Wollen Sie statt der weißen Brötchen Vollkornbrötchen verwenden, um den Gehalt an gesunden Ballaststoffen zu erhöhen, sollten Sie etwas mehr Milch dazugeben.
Der Gehalt an B-Vitaminen ist bei der Verwendung von Vollkornbrötchen deutlich höher. Der größte Teil der Vitamine und übrigens auch der Mineralien sitzt bei Getreidekörnern in den Randschichten und im Keim. Aber genau diese Teile werden bei der Verarbeitung zu Weißmehl entfernt.

Frische Spätzle

Zutaten für 4 Personen

300 g Mehl, 4 Eier

80 ml Wasser, Jodsalz

1. Mehl in eine Schüssel sieben. Eier, Wasser und 1 TL Salz dazugeben und alles mit einem Kochlöffel verrühren und aufschlagen, bis sich im Teig Blasen bilden.
2. In einem großen Topf reichlich Salzwasser zum Kochen bringen. In einer Schüssel oder einem Topf etwa 5 Liter kaltes Wasser zum Abschrecken bereitstellen.
3. Ein Spätzlebrett (ein an einer Seite abgeschrägtes Holzbrett) kurz im kochenden Salzwasser anfeuchten. Eine kleine Menge Teig darauf geben und mit einer Palette glattstreichen. Dann den Teig in feinen Streifen mit der Palette vom Brett direkt in das kochende Wasser schaben. Zwischendurch die Palette immer wieder anfeuchten, damit der Teig nicht hängen bleibt.
4. Die Spätzle kurz garen, bis sie an der Oberfläche schwimmen, dann sofort mit einem Schaumlöffel aus dem Kochwasser heben und in das kalte Wasser geben. Ist der gesamte Teig verarbeitet, die Spätzle aus dem kalten Wasser in ein Sieb schütten, gut abtropfen lassen und auf einem mit einem Küchentuch ausgelegten Blech ausbreiten.

SERVIERTIPS

- Spätzle in einer Pfanne in reichlich Butter schwenken und erwärmen. Als Beilage servieren.
- Spätzle mit Sauerkraut und Zwiebeln vermengen und mit einem gemischten Salat als Hauptspeise servieren.
- Für Käsespätzle die Spätzle mit reichlich geriebenem Käse dazwischen im Ofen erwärmen und überbacken, mit gerösteten Zwiebeln krönen.

Pro Portion etwa: 350 kcal, 54 g Kohlenhydrate, 15 g Eiweiß, 7 g Fett

Mehr als die Hälfte der täglichen Energie sollte der Fußballer in Form von Kohlenhydraten aufnehmen, Spätzle erfüllen diese Forderung auf schmackhafte Art. Probieren Sie auch einmal, etwas dunkleres Weizenmehl (z. B. Weizenmehl Type 1050) zu verwenden und dadurch den Gehalt an gesunden Inhaltsstoffen zu erhöhen. Werden Spätzle vom Hobel oder mit einer Spätzlepresse zubereitet, sollte man den Teig nicht zu stark schlagen, damit er nicht zu zäh wird. Zudem sollte der Teig etwas dünnflüssiger sein.

Selbstgemachte Nudeln

Zutaten für 4 Personen

400 g Mehl

(und etwas Mehl zum Bearbeiten)

4 Eier

2 EL Olivenöl

Jodsalz

1. Das Mehl auf ein Nudelbrett oder die Tischplatte sieben, in der Mitte eine Mulde eindrücken.
2. Eier, Öl und 1 TL Salz in diese Mulde geben und darin gut verrühren, nach und nach das Mehl unterkneten. Den Teig kurz durchkneten, zu einer Kugel formen und unter einem Küchentuch etwa 15 Minuten ruhen lassen.
3. Den Teig in 4 Portionen teilen. Nach und nach die Portionen auf einer bemehlten Platte mit einer Teigrolle hauchdünn ausrollen. Die Teigfladen auf einem bemehlten Tuch etwa 5 Minuten trocknen lassen, dann zusammenrollen und mit einem scharfen Messer in beliebig breite Streifen schneiden. Sofort in reichlich Salzwasser garen oder auf einem bemehlten Tuch ausbreiten und darauf trocknen lassen.

Pro Portion etwa: 470 kcal, 71 g Kohlenhydrate, 18 g Eiweiß, 13 g Fett

Vollkornnudeln sind nicht jedermanns Sache. Bereiten Sie den Teig aber einmal mit Weizenmehl Type 1050 zu, darin sind bereits deutlich mehr Ballaststoffe und B-Vitamine enthalten als im gewohnten weißen Haushaltsmehl Type 405. Die Typenzahl gibt an, wieviel Mineralien noch im Mehl enthalten sind – je höher sie ist, desto gesünder ist das Mehl.

Specksemmelknödel

Zutaten für 4 Personen

300 g altbackene Brötchen
(oder die gleiche Menge Weißbrot)
1 EL Butter
80 g geräucherter Schweinebauch
1 Zwiebel
1 EL gehackte Petersilie
300 ml Milch
3 Eier
50 g Mehl
Jodsalz
schwarzer Pfeffer aus der Mühle
frisch geriebene Muskatnuß
eventuell Semmelbrösel

1. Die Brötchen in kleine Würfel schneiden. Die Butter in einer breiten Pfanne aufschäumen lassen, die Hälfte der Brotwürfel darin goldbraun anrösten. Zusammen mit den ungerösteten Brotwürfeln in eine Schüssel geben.
2. Schweinebauch in kleine Würfel schneiden. Zwiebel schälen und ebenfalls in feine Würfel schneiden.
3. Den Schweinebauch in der Pfanne anbraten, die Zwiebeln dazugeben und hellbraun anrösten. Zusammen mit der Petersilie zu den Brotwürfeln geben und alles gründlich vermengen.
4. Die Milch gut handwarm erhitzen und über die Brotwürfel gießen, alles gut vermischen und 30 Minuten ruhen und abkühlen lassen.
5. Eier verquirlen und dazugeben, alles mit Mehl, Salz, Pfeffer und Muskat mischen und erneut vermengen.
6. In einem breiten Topf reichlich Wasser aufkochen lassen, dann Hitze reduzieren. Einen kleinen Probeknödel formen und in das Wasser geben. Fällt er auseinander, Semmelbrösel unter die Brotmasse rühren, gerät er zu hart, noch etwas Milch untermengen.
7. Anschließend 8 gleich große Knödel aus der Brotmasse formen, zwischendurch Hände ab und zu unter kaltes Wasser halten. Knödel in das siedende Wasser geben und in etwa 15 Minuten gar ziehen lassen.
Eine äußerst schmackhafte Beilage zu allen Wild- und Pilzgerichten.

Pro Portion etwa: 500 kcal, 52 g Kohlenhydrate, 16 g Eiweiß, 25 g Fett

Risotto

Zutaten für 4 Personen

1 Zwiebel
300 g Risottoreis
700 ml Fleischbrühe
5 EL Olivenöl
100 ml trockener Weißwein
2–3 EL Butter
70 g frisch geriebener Parmesan
Jodsalz, Pfeffer aus der Mühle

1. Die Zwiebel schälen und in kleine Würfel schneiden. Den Reis in einem Sieb gut waschen und abtropfen lassen. Die Brühe erhitzen.
2. Das Öl in einer tiefen Pfanne erhitzen, die Zwiebelwürfel darin glasig werden lassen. Den Reis dazugeben und ebenfalls leicht glasig werden lassen, dann mit dem Wein ablöschen.
3. Etwas Brühe angießen und vom Reis aufnehmen lassen. Dann immer wieder kleine Mengen der Brühe angießen und den Reis bei schwacher Hitze quellen lassen, bis er die Brühe aufgenommen hat. Dabei nicht zu stark umrühren. Risotto soll immer saftig sein.
4. Nach etwa 18 Minuten sollte die ganze Brühe angegossen und der Reis bißfest sein. Dann die Butter in kleinen Flöckchen und den Parmesan dazugeben und locker untermengen. Mit Salz und Pfeffer nach Belieben abschmecken.
Risotto als Beilage zu Fleisch- oder Fischgerichten servieren oder mit weiteren Zutaten zum Hauptgericht aufwerten.

Pro Portion etwa: 570 kcal, 60 g Kohlenhydrate, 12 g Eiweiß, 30 g Fett

Für die Hälfte der Menschen weltweit ist Reis das Grundnahrungsmittel, bei uns kommt er eher selten auf den Tisch. Dabei stecken in den kleinen Körnchen viele gesunde Stoffe, vor allem dann, wenn es sich um Naturreis handelt. Zwar ist der Gehalt an Kohlenhydraten bei weißem Reis und Naturreis nahezu gleich, Naturreis enthält jedoch die dreifache Menge an Ballaststoffen, deutlich mehr ungesättigte Fettsäuren und mehr als die doppelte Menge an Mineralstoffen. All die wichtigen Stoffe werden beim Schälen des Reiskornes entfernt. Sie sollten also möglichst oft zu Naturreis greifen, wenn Sie auch den letzten Sprint noch gewinnen wollen.

Pilaw-Reis

Zutaten für 4 Personen

300 g Langkornreis
1 Zwiebel
600 ml Fleischbrühe
3 EL Olivenöl
2 EL Butter
Jodsalz
weißer Pfeffer aus der Mühle

1. Den Backofen auf 180° C vorheizen. Den Reis in einem Sieb gut waschen und abtropfen lassen. Die Zwiebel schälen und in kleine Würfel schneiden. Die Brühe aufkochen.
2. Das Olivenöl in einem feuerfesten Topf erhitzen, die Zwiebelwürfel darin glasig werden lassen. Den Reis dazugeben und unter Rühren ebenfalls glasig werden lassen, dann mit der Brühe ablöschen. Wieder aufkochen lassen, dann zudecken und in den Ofen stellen, etwa 17 Minuten quellen lassen.
3. Auf den Herd stellen, den Deckel abheben und den Reis kurz ausdämpfen lassen – der Reis darf aber nicht mehr garen. Die Butter in kleinen Flocken mit einer Gabel unterziehen und den Reis mit Salz und weißem Pfeffer abschmecken.
Pilaw-Reis eignet sich gut als Beilage zu Geflügel, Lamm oder Fisch.

Pro Portion etwa: 400 kcal, 60 g Kohlenhydrate, 6 g Eiweiß, 14 g Fett

Ein nahezu perfektes Verhältnis von Kohlenhydraten, Eiweiß und Fett liefert diese Reisbeilage. Auch hier gilt wie beim Risotto: Wer sich eine Extraportion Gesundheit zukommen lassen will, sollte möglichst Naturreis verwenden.

Curry-Früchte-Reis

Zutaten für 4 Personen

300 g Langkornreis
(möglichst Vollkorn)
1 Zwiebel
1 kleiner Apfel
1 Banane
3 EL Olivenöl
1 EL Currypulver
600 ml Fleischbrühe
2 EL Butter

1. Den Reis in einem Sieb gut waschen und abtropfen lassen. Die Zwiebel schälen und in kleine Würfel schneiden. Den Apfel schälen und bis auf das Kerngehäuse grob raspeln. Die Banane schälen, längs in vier Teile und diese in feine Scheiben schneiden.
2. In einem Topf das Olivenöl erhitzen, Zwiebelwürfel darin glasig werden lassen. Den Reis dazugeben und unter ständigem Rühren leicht glasig werden lassen.
3. Apfelraspel und Bananenscheiben dazugeben, alles mit Curry bestäuben und mit der Brühe ablöschen.
4. Reis zugedeckt bei ganz schwacher Hitze 17 Minuten quellen lassen. Sofort aufdecken und mit einer Gabel auflockern, damit die Hitze schneller aus dem Reis entweichen kann. Dann die Butter in kleinen Stücken mit der Gabel unterziehen und den Reis servieren.
Den fruchtigen Reis als Beilage zu Lamm oder Geflügel oder als kleines Hauptgericht servieren.

Pro Portion etwa: 280 kcal, 25 g Kohlenhydrate, 3 g Eiweiß, 19 g Fett

Banane und Apfel sorgen in diesem herzhaften Reis nicht nur für geschmackliche Abwechslung, sie liefern zugleich wertvolle Vitamine und Mineralien. Beispielsweise steckt in Bananen zwar nur wenig Eiweiß, doch dieses enthält alle Aminosäuren (also die Einzelbausteine von Eiweiß), die wir unserem Körper unbedingt mit der Nahrung zuführen müssen.

Reis & Pasta

Reis & Pasta – solide Grundlage für jeden Erfolg

Fragen Sie mal Bundesligaspieler, was sie am liebsten essen. Die allermeisten werden antworten: Pasta, Pasta in allen Variationen, nach jeder Art Rezept. Und davon gibt es Hunderte. Wenn Nudeln nicht gerade mit sehr fetten Saucen serviert werden, sind sie eines der ausgewogensten Nahrungsmittel, die es gibt: 15 Prozent Eiweiß, 25 Prozent Fett und 60 Prozent komplexe Kohlenhydrate, die der Körper in Leber und Muskeln ansammelt. Aus diesen Speichern kann er bei Bedarf die nötige Energie abrufen – für einen schnellen Antritt oder eine athletische Aktion. Komplexe Kohlenhydrate sind auch deswegen eine besonders gute Energiequelle, weil die Energie nur langsam freigesetzt wird. In Nudeln sind außerdem wertvolle Mineralien (Eisen) und Vitamine (B_1, B_2) enthalten. Die Rohstoffe kennen Sie sicher: Mehl (meist Weizen), Wasser und oft auch Eier, die zu Trockenpasta gefertigt werden. Früher wurde die Masse rund zwölf Stunden in der Sonne getrocknet, heute in Trockenräumen.

Tip von Fritz Westermann:

Nudeln niemals zu lange garen, sonst werden sie matschig. Die auf den Packungen angegebenen Garzeiten sind manchmal etwas zu lang. Machen Sie deshalb stets vor Ablauf der angegebenen Zeit eine Garprobe.

Reis – volle Kraft im Korn

Ebenso wertvoll für den Fußballer sind die kleinen Reiskörnchen, vor allem dann, wenn es sich um den leicht bräunlichen Naturreis mit dem wunderbaren Nußaroma handelt. In diesen Körnchen ballen sich Ausdauer und Energie. Sie enthalten alle acht essentiellen Aminosäuren, die Eiweißbausteine also, die unser Körper unbedingt über Nahrungsmittel zugeführt bekommen muß. Hinzu gesellen sich beachtliche Mengen an Vitaminen, vor allem das für die Energiegewinnung aus Kohlenhydraten und damit für den Fußballer so wichtige Vitamin B_1.

Reis gibt es in vielen Varianten zu kaufen. Nach der Länge des Reiskornes unterscheidet man Langkorn, Mittelkorn und Rundkorn. Jede Form wird als Naturreis, polierter Weißreis und Parboiled-Reis angeboten.

Naturreis und Vollkornreis: Die Reiskörner werden nur von den ungenießbaren Hüllen entfernt, ansonsten bleiben alle wertvollen Inhaltsstoffe erhalten.

Dariusz Wosz

Polierter Reis oder weißer Reis: Der nährstoffreiche Keimling wird ebenso entfernt wie die Außenschicht des Reiskornes, das wertvolle Silberhäutchen.
Parboiled-Reis: Durch ein spezielles Verfahren werden Vitamine und Mineralstoffe aus dem Silberhäutchen in das Reiskorn gedrückt, Silberhäutchen und Keim werden erst dann entfernt.

Reserven für die letzten Spielminuten

Wissenswert für jeden Kicker: Die körpereigenen Speicher können durch eine regelmäßige, reichliche Aufnahme von Kohlenhydraten erweitert werden. Wer regelmäßig reichlich Reis und Nudeln ißt, schafft sich gute Voraussetzungen: mehr Reserven für die letzten Minuten des Spiels.
Auch am Abend vor einem Spiel sollten Reis und Pasta, kombiniert etwa mit Gemüse und einer nicht zu üppigen Sauce, auf dem Teller liegen. Sie füllen die Speicher bis zum Optimum und schaffen so die beste Grundlage für einen Erfolg.
Übrigens: Eine Zusatzportion Fitneß verschaffen Sie sich, wenn Sie Reis, Spaghetti & Co. in den Vollkornvarianten wählen.

Reissorten: ein Nährstoffvergleich*

	Naturreis	Reis (weiß, parboiled)	Reis (weiß)
Kalium	150	150	103
Phosphor	325	110	120
Magnesium	157	28	64
Eisen	2,60	2,90	0,60
Vitamin E	0,74	0,30	0,18
Vitamin B_1	0,41	0,44	0,06
Vitamin B_2	0,09	0,03	0,03
Vitamin B_6	0,67	0,40	0,15

*in mg/100 g

Spaghetti & Co - eine kleine Warenkunde

Eiernudeln: Der Nudelteig wird aus Weizenmehl, Eiern und Wasser zubereitet, dabei schwankt der Gehalt an Eiern zwischen 2¼ und 8 Eiern je Kilogramm Mehl.
Pasta: Die typische italienische Nudel enthält ausschließlich Mehl, Wasser und Salz.
Vollkornnudeln: Sie werden mit Vollkornmehl zubereitet und enthalten deutlich mehr Vitamine, Mineralien und Ballaststoffe.
Hirsenudeln: Aus feingemahlener Hirse hergestellt und eine prima Alternative für jeden, der die dunklen Vollkornnudeln nicht so gerne mag, auf deren Inhaltsstoffe jedoch nicht verzichten will.
Sojanudeln: Sie bestehen aus Weizenmehl und mindestens 15 Prozent Sojamehl und sind dadurch besonders eiweißreich.
Reisnudeln: Da aus heller Reisstärke hergestellt, sind sie kein Vollkornprodukt. Sie sind jedoch gut bekömmlich und sorgen für schmackhafte Abwechslung auf dem Teller. Reisnudeln werden nur mit siedendem Wasser überbrüht, sollten aber nicht längere Zeit kochen.
Glasnudeln: Meist aus Mungobohnenstärke hergestellt und im Rohzustand durchsichtig, nach dem Garen jedoch weißlich. Glasnudeln für die Zubereitung einige Minuten in reichlich Wasser einweichen und später nur kurz erhitzen, sonst werden sie matschig.
Chinesische Eiernudeln: Sie sind ebenfalls aus Mehl, Eiern und Wasser hergestellt und meist zu langen, dünnen Fäden geformt. Sie werden häufig als Instant-Produkte angeboten und sind deshalb rasch fertig.

Spaghetti aglio e olio

Zutaten für 4 Personen

500 g Spaghetti
Jodsalz
8 EL kaltgepreßtes Olivenöl
6 Knoblauchzehen
1 EL gehackte Petersilie
Pfeffer aus der Mühle

1. Für die Nudeln etwa 5 Liter Wasser in einem großen Topf zum Kochen bringen. Die Spaghetti, Jodsalz und 2 EL Öl hineingeben und die Spaghetti in 7 bis 8 Minuten bißfest garen.
2. Inzwischen den Knoblauch schälen. Das restliche Öl in einer Pfanne nur leicht erhitzen, den Knoblauch hineinpressen und goldgelb rösten. Petersilie dazugeben, mit Salz und Pfeffer würzen.
3. Nudeln in ein Sieb abgießen und sehr gut abtropfen lassen. In eine große Schüssel geben, Knoblauchmischung dazugeben und alles mit 2 Gabeln gründlich vermischen. Sehr heiß servieren.

Pro Portion etwa: 630 kcal, 89 g Kohlenhydrate, 18 g Eiweiß, 22 g Fett

Ein Klassiker unter den italienischen Nudelgerichten, der im Nu auf dem Tisch steht. Ideal, um nach einem schweren Spiel die leeren Kohlenhydratspeicher wieder zu füllen.
Spaghetti und das Knoblauchöl sollten gleichzeitig fertig sein, damit nicht zuviel Aroma verlorengeht.
Das Olivenöl nicht zu stark erhitzen! Kaltgepreßtes Olivenöl verträgt keine großen Temperaturen, es entstehen sonst gesundheitsschädliche Stoffe.

Spaghetti mit Tomaten-Basilikum-Sauce

Zutaten für 4 Personen

500 g Spaghetti
Jodsalz
4 EL Olivenöl
750 g Tomatensauce mit
Tomatenwürfeln (aus der Packung)
1 EL Crème fraîche
schwarzer Pfeffer aus der Mühle
1 Bund Basilikum
50 g frisch geriebener Parmesan

1. In einem großen Topf reichlich Salzwasser (etwa 5 Liter) aufkochen lassen, 2 EL Olivenöl hineingeben. Die Spaghetti hineingeben und in 7 bis 8 Minuten bißfest (al dente) kochen.
2. Gleichzeitig die Tomatensauce in einem Topf erhitzen. Mit Crème fraîche verfeinern und mit Salz und Pfeffer abschmecken.
3. Das Basilikum waschen, trockenschütteln und in feine Streifen schneiden. Den einen Teil unmittelbar vor dem Servieren unter die Sauce rühren, den anderen nur darauf streuen.
4. Die Spaghetti in ein Sieb abgießen und gut abtropfen lassen, in eine große Schüssel geben und darin mit 2 EL Olivenöl mischen. Auf Teller verteilen und die Basilikumsauce sowie den Parmesan darübergeben.

Pro Portion etwa: 440 kcal, 71 g Kohlenhydrate, 19 g Eiweiß, 9 g Fett

Ob am Vorabend oder zum Auffüllen der geleerten Speicher nach dem Spiel – dieses schnelle Pastagericht ist genau richtig. Auch hier gilt jedoch: Für das I-Tüpfelchen sorgen Vollkornnudeln, die den Gehalt an Ballaststoffen, langkettigen Kohlenhydraten, wertvollen Vitaminen und Mineralstoffen deutlich erhöhen.

Farfalle mit Gemüsestreifen

Zutaten für 4 Personen

1 Möhre
1 kleines Stück Sellerie (etwa 80 g)
1 kleine Lauchstange
Jodsalz
3 EL Olivenöl
400 g Farfalle
200 ml Gemüsebrühe
100 g Sahne
weißer Pfeffer aus der Mühle
50 g frisch geriebener Parmesan
2 EL gehackte Petersilie
2 EL Schnittlauchröllchen

1. Das Gemüse waschen, putzen und in feine Streifen schneiden.
2. In einem großen Topf reichlich Salzwasser zum Kochen bringen, 2 EL Olivenöl hineingeben. Die Farfalle hineingeben und in ungefähr 8 Minuten bißfest (al dente) kochen.
3. Gleichzeitig die Gemüsebrühe in einem Topf aufkochen lassen. Die Gemüsestreifen hineingeben und etwa 5 Minuten garen. Die Sahne dazugeben und die Sauce mit Salz und Pfeffer abschmecken.
4. Die Farfalle in ein Sieb abgießen und gut abtropfen lassen, in einer Schüssel mit 1 EL Öl und dem Parmesan mischen.
5. Die Nudeln auf Tellern anrichten, das Gemüse darüberverteilen und alles mit den Kräutern bestreuen.

Pro Portion etwa: 510 kcal, 72 g Kohlenhydrate
19 g Eiweiß, 16 g Fett

Genau das richtige Mahl am Abend vor dem großen Spiel. Das Verhältnis von Kohlenhydraten, Eiweiß und Fett ist ausgewogen und den Bedürfnissen des Fußballers angepaßt, zudem sind reichlich Vitamine und Mineralstoffe enthalten.

Spaghettini mit Trüffelöl und Crevetten

Zutaten für 4 Personen

Jodsalz

2 EL Olivenöl

400 g Spaghettini

200 g geschälte, gekochte Crevetten

2 EL Trüffelöl

1. In einem großen Topf reichlich Salzwasser (mindestens 4 Liter) zum Kochen bringen, dabei das Olivenöl dazugeben.
2. Die Spaghettini hineingeben und 2 bis 3 Minuten kochen lassen.
3. Gleichzeitig die Crevetten in einem Sieb mit lauwarmem Wasser abbrausen, dann gut abtropfen lassen. Zu den Nudeln in das Kochwasser geben und nur kurz mit erhitzen.
4. Nudeln und Crevetten zusammen in ein Sieb abgießen und gut abtropfen lassen, in eine Schüssel geben und darin mit dem Trüffelöl mischen.

Pro Portion etwa: 450 kcal, 69 g Kohlenhydrate, 24 g Eiweiß, 8 g Fett

Dieses schnelle, einfache und doch raffinierte Pastagericht ist das richtige nach einem gewonnenen Spiel. Es enthält reichlich Kohlenhydrate, die den geleerten Speicher wieder auffüllen können. Zudem steckt leichtverdauliches Eiweiß für die Muskeln darin.

Bandnudeln mit Lachs in Dillrahm

Zutaten für 4 Personen

500 g grüne Bandnudeln

Jodsalz

2 EL Olivenöl

200 g Lachsfilet

1 EL Crème fraîche

Pfeffer aus der Mühle

2 EL gehackter Dill

Für die Sauce:

1 EL Butter, 1 EL Mehl

200 ml Fischfond (aus dem Glas)

50 ml trockener Weißwein

1. Für die Sauce die Butter in einem kleinen Topf zerlassen, das Mehl darin goldgelb anrösten. Mit dem Fischfond und dem Wein ablöschen und bei ganz schwacher Hitze einige Minuten köcheln lassen.
2. Inzwischen mindestens 5 Liter Wasser in einem großen Topf zum Kochen bringen. Nudeln, Salz und das Olivenöl hineingeben und die Nudeln in ungefähr 8 Minuten bißfest (al dente) kochen.
3. Lachsfilet kalt abwaschen und in feine Streifen schneiden. Crème fraîche unter die Fisch-Wein-Sauce rühren, dann auch den Lachs dazugeben. Noch kurz erhitzen, mit Salz und Pfeffer abschmecken.
4. Die Nudeln in ein großes Sieb abgießen und sehr gut abtropfen lassen. Auf Teller verteilen, die Lachssauce darübergeben und mit Dill bestreuen.
Dazu einen bunten Salat servieren.

Pro Portion etwa: 510 kcal, 70 g Kohlenhydrate, 26 g Eiweiß, 14 g Fett

Die Nudeln liefern reichlich Kohlenhydrate für die Kraftreserven. In Lachs steckt die gesunde Omega-3-Fettsäure, die einen günstigen Einfluß auf den Cholesterinspiegel hat. Bitte nicht auf den Dill verzichten – auch in kleinen Mengen frisch gehackter Kräuter stecken viele gesunde Stoffe.

Welloni mit Schinken und Kräutern

Zutaten für 4 Personen

400 g Welloni
Jodsalz
5 EL Olivenöl
1 Zwiebel
150 g gekochter Schinken
100 ml Fleischbrühe
50 g Sahne
evtl. 1 EL dunkler Saucenbinder
Pfeffer aus der Mühle
frisch geriebene Muskatnuß
2 EL gemischte, gehackte Kräuter
4 EL frisch geriebener Parmesan

1. In einem großen Topf reichlich Wasser zum Kochen bringen. Nudeln, Salz und 2 EL Öl hineingeben und die Nudeln nach den Angaben auf der Packung bißfest (al dente) garen.
2. Inzwischen die Zwiebel schälen und in kleine Würfel schneiden. Den Schinken in Streifen oder Würfel schneiden. Das restliche Olivenöl in einer Pfanne erhitzen, die Zwiebeln darin goldgelb anrösten. Den Schinken dazugeben und kurz mit anbraten, dann mit der Brühe und der Sahne ablöschen und aufkochen lassen. Nach Belieben mit dem Saucenbinder andicken. Mit Salz, Pfeffer und Muskatnuß abschmecken.
3. Die Nudeln in ein Sieb abgießen und sehr gut abtropfen lassen, auf Teller verteilen. Die Schinkensauce, die Kräuter und den Parmesan darüber verteilen und alles sofort servieren.
Dazu am besten Feldsalat reichen.

Pro Portion etwa: 600 kcal, 70 g Kohlenhydrate, 24 g Eiweiß, 25 g Fett

Natürlich können Sie auch jede andere Nudelsorte verwenden.
Beim Salzen der Sauce vorsichtig sein, im Schinken steckt bereits reichlich Salz.

Penne mit Brokkoli

Zutaten für 4 Personen

2 Tomaten, 300 g Brokkoli
2–3 EL Butter
400 g Penne
Jodsalz, 2 EL Öl
50 g gehobelte Mandeln
3 EL gehackte Petersilie
4 EL frisch geriebener Parmesan
Pfeffer aus der Mühle
Für die Béchamelsauce:
10 g Butter, 10 g Mehl
1/8 l Milch, 100 g Sahne

1. In einem kleinen Topf für die Béchamelsauce die Butter schmelzen lassen. Das Mehl hineinstreuen und goldgelb werden lassen, unter Rühren mit der Milch ablöschen. Bei schwacher Hitze offen köcheln lassen, ab und zu umrühren, dann mit der Sahne verfeinern und mit Salz und Pfeffer abschmecken.
2. Die Tomaten einritzen, überbrühen, häuten und entkernen, dann in kleine Würfel schneiden.
3. Brokkoli putzen, in kleine Röschen teilen und waschen. In Salzwasser bißfest kochen, in kaltem Wasser abschrecken und in einer Pfanne mit Butter andünsten.
4. In einem großen Topf mindestens 5 Liter Wasser zum Kochen bringen. Die Nudeln, Salz und 2 EL Öl hineingeben und nach den Angaben auf der Packung bißfest garen. Währenddessen Mandeln anrösten.
5. Die Nudeln in ein Sieb abgießen und gut abtropfen lassen. Zurück in den Topf geben und darin mit der Béchamelsauce und den Brokkoliröschen mischen. Abschmecken und auf Teller verteilen. Mit den Mandeln, den Tomatenwürfeln und der Petersilie garnieren. Den Parmesan dazu servieren.
Dazu schmeckt gemischter Salat besonders gut.

Pro Portion etwa: 690 kcal, 77 g Kohlenhydrate, 23 g Eiweiß, 32 g Fett

Probieren Sie auch einmal Vollkornnudeln oder die hellen Sojanudeln aus dem Reformhaus.
Den Brokkoli erst kurz vor dem Kochen putzen und zerkleinern. Unbedingt zugedeckt garen, damit wertvolle Vitamine sich nicht „in Luft auflösen".

Farfalle mit Hähnchen und Erbsen

Zutaten für 4 Personen

400 g Farfalle, Jodsalz
5 EL Olivenöl
1 Zwiebel
200 g Hähnchenbrustfilet
100 ml Fleischbrühe
100 g Tiefkühl-Erbsen
Pfeffer aus der Mühle
100 g saure Sahne
5 EL frisch geriebener Parmesan
etwas frisches Basilikum

1. In einem großen Topf mindestens 5 Liter Wasser zum Kochen bringen. Die Farfalle, Salz und 2 EL Olivenöl hineingeben und die Nudeln in 7 bis 8 Minuten bißfest (al dente) garen.
2. Inzwischen die Zwiebel schälen und in kleine Würfel schneiden. Das Hähnchenbrustfilet kalt abwaschen, abtrocknen und in feine Streifen schneiden.
3. Das restliche Öl in einer Pfanne erhitzen, die Zwiebeln darin goldgelb anrösten. Das Fleisch dazugeben und rundherum kurz anbraten, dann aus der Pfanne nehmen und beiseite stellen.
4. Die Fleischbrühe in die Pfanne gießen, den Bratensatz unter Rühren loskochen. Die Erbsen dazugeben, die Brühe etwas einkochen lassen. Mit Salz und Pfeffer würzen, saure Sahne unterrühren, dann das Fleisch wieder untermengen. Nicht weiter kochen lassen!
5. Die Nudeln in ein Sieb abgießen und sehr gut abtropfen lassen. Zurück in den Topf geben und darin mit der Hähnchensauce und dem Parmesan mischen, dann in eine große Schüssel umfüllen und sofort servieren. Mit Basilikum garnieren.
Dazu Kopfsalat servieren.

Pro Portion etwa: 610 kcal, 74 g Kohlenhydrate, 31 g Eiweiß, 21 g Fett

Tiefkühl-Erbsen sollten Sie möglichst immer in der Truhe bereithalten. Dann können Sie jederzeit kleine Mengen entnehmen, und Sie haben stets einen Vorrat an Vitaminen zur Hand.
Damit die saure Sahne nicht gerinnt, die fertige Sauce nicht mehr kochen lassen.

Trilloni mit Lammfilet

Zutaten für 4 Personen

1 Knoblauchzehe
1 TL Kräuter der Provence
Jodsalz
Pfeffer aus der Mühle
4 EL Olivenöl
180 g Lammfilet
400 g Trilloni oder Rigatoni
1/8 l trockener Rotwein
100 ml Lammfond
evtl. etwas Bratensauce/Bratensaft
(Pulver; Fertigprodukt)

1. Den Knoblauch schälen und zerdrücken, in einer Schüssel mit den Kräutern, Salz, Pfeffer und 2 EL Olivenöl verrühren.
2. Das Lammfleisch kalt abwaschen und abtrocknen, in feine Scheiben schneiden und in dem Kräuter-Knoblauch-Öl wenden und marinieren.
3. In einem großen Topf mindestens 5 Liter Wasser zum Kochen bringen. Die Nudeln, Salz und 2 EL Olivenöl hineingeben und die Nudeln nach den Angaben auf der Packung bißfest (al dente) garen.
4. Eine Pfanne gut heiß werden lassen. Das marinierte Lammfilet mit dem Öl hineingeben und kurz rosa anbraten, aus der Pfanne nehmen und warm stellen.
5. Den Rotwein und den Lammfond in die Pfanne gießen und den Bratensatz in der Pfanne lösen. Mit Salz, Pfeffer und nach Belieben mit der Bratensauce abschmecken.
6. Die Nudeln in ein Sieb abgießen und sehr gut abtropfen lassen. Zurück in den Topf geben und darin mit der Rotweinsauce und dem Lammfilet mischen. In eine Schüssel umfüllen und sofort servieren.

Pro Portion etwa: 520 kcal, 70 g Kohlenhydrate, 22 g Eiweiß, 14 g Fett

**Nach Belieben zusätzlich einige bißfest gegarte Prinzeßbohnen unter die Nudeln mengen.
Wer mag, streut frisch geriebenen Parmesan darüber.**

Steinpilzrisotto

Zutaten für 4 Personen

200 g Steinpilze
300 g Risottoreis
(ersatzweise Rundkornreis)
1 große Zwiebel
4 EL Olivenöl
100 ml trockener Weißwein
700 ml Fleischbrühe
3 EL Butter
70 g frisch geriebener Parmesan
Jodsalz
schwarzer Pfeffer aus der Mühle

1. Die Steinpilze mit einem Pinsel säubern oder mit einem feuchten Tuch abreiben, putzen und in Streifen schneiden. Den Reis in einem Sieb gut waschen und abtropfen lassen. Die Zwiebel schälen und in feine Würfel schneiden.
2. 2 EL Öl in einem Topf erhitzen, die Pilze darin kurz anbraten. Aus dem Topf nehmen und beiseite stellen.
3. Das restliche Öl in dem Topf erhitzen, die Zwiebeln darin glasig werden lassen. Den Reis einrühren und ebenfalls leicht glasig werden lassen, dann mit dem Wein ablöschen.
4. Nach und nach portionsweise die Brühe angießen und den Reis bei schwacher Hitze etwa 18 Minuten garen und ausquellen lassen. Dabei nur leicht rühren.
5. Am Ende der Garzeit die Butter in Flöckchen schneiden und zusammen mit dem Parmesan und den Steinpilzen unter den Reis mischen. Alles mit Salz und Pfeffer nach Belieben abschmecken.

Pro Portion etwa: 390 kcal, 18 g Kohlenhydrate, 8 g Eiweiß, 30 g Fett

**Pilze sind kalorienarm, stecken aber voller gesunder Stoffe. Beispielsweise enthalten sie viele essentielle Aminosäuren, die Bausteine von Eiweiß, die wir unserem Körper mit den Speisen zuführen müssen, weil er sie nicht selbst bilden kann.
Risotto – eines der Lieblingsgerichte der Italiener – läßt sich in einer unendlichen Vielfalt zubereiten. Mal verleiht Safran den kleinen Körnchen Farbe und Geschmack, dann wieder Kräuter oder Nüsse. Aber auch Fleisch, Fisch und Muscheln oder alle Arten Gemüse sorgen für Abwechslung.**

Pilaw-Reis mit Zucchinicurry

Zutaten für 4 Personen

Für den Pilaw-Reis:

300 g Langkornreis

1 kleine Zwiebel, 2 EL Olivenöl

600 ml heiße Brühe, 2 EL Butter

Jodsalz, Pfeffer aus der Mühle

Für das Zucchinicurry:

2 Zwiebeln, 500 g Zucchini

2 EL Öl, 2 EL Currypulver

1/8 l Brühe, Jodsalz

1. Den Backofen auf 180° C vorheizen. Den Reis in einem Sieb gut waschen und abtropfen lassen. Die Zwiebel schälen, in kleine Würfel schneiden. Das Olivenöl in einem Topf erhitzen, die Zwiebelwürfel darin glasig werden lassen. Den Reis dazugeben und mit dem Öl verrühren, bis die Reiskörner leicht glasig glänzen.
2. Die heiße Brühe angießen, alles zum Kochen bringen und zugedeckt im Ofen knapp 20 Minuten garen.
3. Für das Curry die Zwiebeln schälen und klein würfeln. Die Zucchini waschen und putzen, mundgerecht würfeln. Das Öl in einem Topf erhitzen, die Zwiebeln darin glasig werden lassen. Die Zucchini dazugeben und leicht anbraten, dann mit dem Curry bestäuben und dieses leicht anschwitzen. Mit der Brühe ablöschen, mit Salz und Pfeffer würzen und zugedeckt bei schwacher Hitze in 2 bis 3 Minuten bißfest garen.
4. Den Reis kurz ausdampfen lassen, die Butter in Flöckchen teilen und mit einer Gabel unterziehen. Zusammen mit dem Zucchinicurry servieren.
Pilaw-Reis eignet sich auch als Beilage zu Geflügel, Lamm oder Fisch, und er kann z. B. mit Curry, Safran, Paprika, Pilzen oder Kräutern gewürzt werden.

Pro Portion etwa: 450 kcal, 61 g Kohlenhydrate, 9 g Eiweiß, 19 g Fett

Dekorative Variante: Zucchini in Scheiben schneiden und auf Spieße stecken, mit Öl bestreichen und mit Currypulver bestreut braten.
Reis gehört zu den Hits für Fußballspieler, denn in ihm stecken geballt die so wichtigen Kohlenhydrate. Besonders empfehlenswert ist natürlich Vollkornreis, dessen Kochzeit beträgt allerdings etwa 40 Minuten.

Grüne Lasagne

Zutaten für 4 Personen

1 Zwiebel, 2 Knoblauchzehen
3 EL Olivenöl
400 g Rinderhackfleisch
100 g Tomatenmark
200 ml Fleischbrühe
10 Thymianzweige
2 Rosmarinzweige
Jodsalz
schwarzer Pfeffer aus der Mühle
frisch geriebene Muskatnuß
evtl. 2 EL dunkle Mehlschwitze (Fertigprodukt; Pulver)
2 Tomaten, 1 EL Butter
400 g grüne Lasagneblätter („ohne Kochen“)
100 g frisch geriebener Parmesan

1. Die Zwiebel und den Knoblauch schälen und in kleine Würfel schneiden oder durchpressen. Das Olivenöl in einem Topf erhitzen, die Zwiebeln und den Knoblauch darin hell anrösten. Das Hackfleisch dazugeben und unter Rühren anbraten, dann auch das Tomatenmark dazugeben und alles gut anrösten.
2. Mit der Fleischbrühe ablöschen. Die Kräuter waschen, trockenschütteln, hacken und zum Hackfleisch geben. Mit Salz, Pfeffer und Muskat würzen und zugedeckt bei schwacher Hitze etwa 20 Minuten kochen lassen, eventuell mit der Mehlschwitze andicken.
3. Die Tomaten einritzen und für einige Sekunden in kochendes Wasser geben. Herausheben und häuten, dann ohne die Stielansätze in kleine Würfel schneiden. Die Tomatenwürfel unter das Hackfleisch mengen und alles abschmecken.
4. Backofen auf 200°C vorheizen. Eine feuerfeste, eckige Form gründlich mit Butter ausstreichen. Ungefähr 1 cm hoch mit Hackfleischmischung füllen, mit Lasagneblättern belegen. Abwechselnd alle Zutaten einschichten. Zuletzt den Parmesan darüberstreuen.
5. Die Lasagne im Ofen etwa 40 Minuten backen.
Dazu bunt gemischten Salat servieren.

Pro Portion etwa: 640 kcal, 43 g Kohlenhydrate, 37 g Eiweiß, 35 g Fett

Cannelloni Florentin

Zutaten für 4 Personen

150 g Tiefkühl-Blattspinat
1 kleine Zwiebel, 1 Knoblauchzehe
2 EL Olivenöl
100 g Rinderhackfleisch
Jodsalz
schwarzer Pfeffer aus der Mühle
frisch geriebene Muskatnuß
20 Cannelloni („ohne Kochen“)
370 g Tomatensauce mit Tomatenwürfeln (aus der Packung)
50 g frisch geriebener Parmesan
Für die Béchamelsauce:
20 g Butter, 20 g Mehl
1/4 l Milch

1. Für die Béchamelsauce die Butter in einem kleinen Topf zerlassen, das Mehl darin goldgelb anschwitzen, unter Rühren mit der Milch ablöschen. Bei schwacher Hitze köcheln lassen.
2. Den Spinat auftauen, abtropfen lassen und hacken.
3. Die Zwiebel und den Knoblauch schälen und fein würfeln. Das Öl in einem Topf erhitzen, die Zwiebeln und den Knoblauch darin glasig werden lassen.
4. Das Hackfleisch kurz mit anbraten, den Spinat und die Béchamelsauce untermengen. Vom Herd nehmen, mit Salz, Pfeffer und Muskat würzen, abkühlen lassen.
5. Den Backofen auf 180°C vorheizen. Die Hackfleischmasse mit einem Spritzbeutel (ohne Tülle) in die Teigrollen spritzen. Die Hälfte der Rollen nebeneinander in eine Auflaufform setzen.
6. Die Tomatensauce erhitzen, die Hälfte über die Cannelloni gießen. Die restlichen Cannelloni einschichten und mit der übrigen Tomatensauce bedecken. Den Parmesan darüberstreuen. Alles im Ofen etwa 30 Minuten backen, bis die Oberfläche gut braun ist.
Dazu Rucola, Feldsalat oder bunten Blattsalat reichen.

Pro Portion etwa: 440 kcal, 45 g Kohlenhydrate, 20 g Eiweiß, 20 g Fett

Die Cannelloni enthalten reichlich Phosphor, das sowohl für die Energieübertragung im Körper wichtig ist als auch zum Knochenaufbau benötigt wird.

Bami Goreng

Zutaten für 4 Personen

70 g Sojoeran Kering
(gewürztes Trockengemüse)
4 große Tomaten
Jodsalz
300 g indonesische oder chinesische Eierfadennudeln
3 Eier
400 g Schweinerücken ohne Knochen
1 EL Öl, 100 ml Fleischbrühe
2 EL Sambal Manis
3 EL Ketjap Manis
Sojasauce

1. Das Trockengemüse gut 10 Minuten lang in etwa 200 ml lauwarmem Wasser einweichen.
2. In einem großen Topf etwa 4 Liter Wasser zum Kochen bringen. Die Tomaten kreuzweise einritzen und 2 bis 3 Sekunden in das kochende Wasser legen, herausheben und kalt abschrecken. Die Tomaten häuten und den Stielansatz herausschneiden, dann entkernen und in kleine Würfel schneiden.
3. Das Wasser im Topf salzen. Die Nudeln hineingeben und nach den Packungsangaben garen. Abgießen und mit kaltem Wasser abspülen, gut abtropfen lassen.
4. Die Eier in einer Schüssel verquirlen und salzen. In einer beschichteten Pfanne wie einen Pfannkuchen auf beiden Seiten goldbraun backen, anschließend in Streifen schneiden.
5. Das Schweinefleisch in feine Streifen schneiden. In einem Wok oder einer tiefen Pfanne das Öl erhitzen, das Fleisch darin nach und nach rundherum anbraten, aus dem Wok nehmen.
6. Die Brühe in den Wok gießen, das eingeweichte Gemüse, Sambal Manis und Ketjap Manis gründlich untermengen.
7. Die Nudeln und das Fleisch dazugeben und alles noch einige Minuten unter Rühren braten, dann mit Sojasauce abschmecken. Auf eine Platte geben und mit Tomatenwürfeln und Eierstreifen garnieren.
Dazu bunte Blattsalate reichen.

Pro Portion etwa: 480 kcal, 57 g Kohlenhydrate, 37 g Eiweiß, 11 g Fett

Nasi Goreng mit Crevetten

Zutaten für 4 Personen

400 g Langkornreis, Jodsalz
50 g Bamboe Nasi Goreng (gewürztes Trockengemüse; aus dem Asienladen)
250 g geschälte, gekochte Crevetten
3 EL Sesamöl, Sambal Oelek
Ketjap Manis, Sojasauce
3 Eier, 20 g Butter

1. Den Reis abwaschen und in reichlich kochendes Salzwasser geben, in knapp 15 Minuten bißfest garen. In ein Sieb abgießen und abtropfen lassen.
2. Inzwischen das Gemüse in eine Schüssel geben und darin mit etwa 150 ml warmem Wasser verrühren. Gut 10 Minuten quellen lassen.
3. Die Crevetten kurz in lauwarmes Wasser geben, in ein Sieb abgießen und gut abtropfen lassen.
4. In einer breiten beschichteten Pfanne das Sesamöl leicht erhitzen. Die Crevetten darin kurz anbraten. Den Reis und das Gemüse dazugeben, alles gut vermengen und einige Minuten braten. Mit Sambal Oelek, Ketjap Manis und Sojasauce abschmecken.
5. In einer Schüssel die Eier verquirlen. Die Butter in der beschichteten Pfanne schmelzen lassen, die Eier darin zu einem hellen Pfannkuchen backen. Anschließend in Streifen schneiden.
6. Den gebratenen Reis auf eine Servierplatte geben und die Eierstreifen gleichmäßig darüber verteilen.
Besonders fein dazu sind Gemüsesalat, Mango-Chutney oder süß-sauer eingelegte Mangospalten sowie Kroepoek.

Pro Portion etwa: 350 kcal, 23 g Kohlenhydrate, 22 g Eiweiß, 19 g Fett

Sesamöl ist ein in asiatischen Ländern sehr beliebtes Öl. Es wird aus den kleinen Sesamsamen gepreßt und besticht durch ein kräftig-nussiges Aroma. Wertvoll für den Fußballer ist es, weil in dem Öl viele ungesättigte Fettsäuren stecken. Aus diesem Grund darf es nicht stark erhitzt werden, die Fettsäuren verändern sich sonst, es können sogar gesundheitsschädliche Stoffe entstehen.

Schwarze Bandnudeln mit Lotte

Zutaten für 4 Personen

200 g Lotte (Filet)
1 Zwiebel
1-2 EL Butter
100 ml trockener Riesling
400 g schwarze Bandnudeln
2 Dillzweige
3 EL Crème fraîche
Jodsalz
Pfeffer aus der Mühle

1. Mit einem scharfen Messer die feine Haut von dem Lottenfilet abschneiden. Das Fischfleisch waschen, abtrocknen und in etwa 1 cm große Stücke schneiden.
2. Zwiebel schälen, in feine Würfel schneiden und in einer beschichteten Pfanne mit Butter hellbraun anbraten. Die Lottenstücke zugeben und mit dem Wein ablöschen, etwa 5 bis 8 Minuten zugedeckt dünsten.
3. Die Nudeln nach Packungsanweisung bißfest (al dente) kochen, in ein Sieb gießen und wieder zurück in den Topf geben. Dill waschen, trockenschütteln und fein hacken.
4. Den Fisch aus der Pfanne nehmen und warm stellen. Die Crème fraîche gut unter den Fond mischen, aufkochen lassen und über die Nudeln im Topf geben, gut durchmischen.
5. Nudeln auf Tellern anrichten, die Lottenstücke gleichmäßig darauf verteilen und mit gehacktem Dill garnieren. Gut heiß servieren.

Pro Portion etwa: 510 kcal, 70 g Kohlenhydrate, 20 g Eiweiß, 14 g Fett

Lotte, auch als Seeteufel bekannt, gehört zu den feinsten Fischen überhaupt. Er hat festes weißes Fleisch und ist praktisch grätenfrei.

Vollkornnudeln mit Mangold

Zutaten für 4 Personen

750 g Mangold
1 große Zwiebel
3 EL Olivenöl
300 ml Gemüsebrühe
Jodsalz
Pfeffer aus der Mühle
400 g Vollkornnudeln

1. Mangold putzen, dabei die dicken Rippen herausschneiden. Die Blätter gut waschen und abtropfen lassen. Die großen Blätter halbieren und in etwa 1 cm große Streifen schneiden.
2. Die Zwiebel schälen und in feine Würfel schneiden. In einem Topf Öl erhitzen, die Zwiebelwürfel darin hellbraun anbraten. Den geschnittenen Mangold dazugeben und mit der Gemüsebrühe ablöschen. Zugedeckt in 20 bis 30 Minuten bißfest garen. Mit Salz und Pfeffer abschmecken.
3. Nudeln nach Packungsanweisung bißfest (al dente) kochen, in ein Sieb schütten, gut abtropfen lassen. Mit dem gedünsteten Mangold mischen und servieren. Frisch geriebenen Parmesankäse dazu reichen.

Pro Portion etwa: 480 kcal, 75 g Kohlenhydrate, 17 g Eiweiß, 11 g Fett

Mangold ist ein würziges Blattgemüse, das für gesunde Abwechslung sorgen kann. Allerdings enthalten die Blätter ebenso wie Spinat reichlich Nitrat. Bevorzugen Sie Mangold aus biologischem Anbau, er ist weniger gedüngt und nitratärmer.

Risotto mit Meeresfrüchten

Zutaten für 4 Personen

30 g Wildreis, 200 g Risottoreis
1 Zwiebel, 2 EL Olivenöl
400 ml Fischfond (aus dem Glas)
100 ml trockener Weißwein
200 g rohe, ungeschälte Riesengarnelen
400 g gemischte Meeresfrüchte (frisch oder tiefgefroren)
1–2 EL Butter
50 g frisch geriebener Parmesan
Jodsalz, Pfeffer aus der Mühle

1. Den Wildreis gut waschen und in einen Topf geben, mit ½ Liter Wasser angießen. Aufkochen lassen, zugedeckt bei schwacher Hitze 40 bis 45 Minuten garen, zwischendurch ab und zu den Schaum abschöpfen.
2. Inzwischen den Risottoreis in einem Sieb gut waschen und abtropfen lassen. Die Zwiebel schälen und in kleine Würfel schneiden. Den Fischfond erhitzen.
3. Das Öl in einer tiefen Pfanne erhitzen, die Zwiebeln darin glasig werden lassen. Den Risottoreis dazugeben und ebenfalls glasig werden lassen, dann mit dem Wein ablöschen. Nach und nach den Fond angießen, den Reis insgesamt etwa 18 Minuten garen und ab und zu vorsichtig umrühren.
4. Garnelen schälen, waschen und kurz in kochendes Salzwasser geben, Topf sofort vom Herd nehmen. Die Meeresfrüchte waschen und abtropfen lassen.
5. Den Wildreis zum Risotto geben. Die Butter in kleinen Stückchen mit einer Fleischgabel unterziehen, Parmesan und die Meeresfrüchte untermengen. Alles noch kurz erhitzen, mit Salz und Pfeffer abschmecken und mit den Garnelen garniert sofort servieren.
Blattsalat mit geraspelten Möhren und Balsamico-Vinaigrette dazu reichen.

Pro Portion etwa: 520 kcal, 49 g Kohlenhydrate, 35 g Eiweiß, 18 g Fett

Meeresfrüchte enthalten viel Eiweiß, aber wenig Kohlenhydrate und Fett. Zudem steckt in ihnen Selen, ein Stoff, der den Blutdruck regulieren hilft, wichtig für das Herz ist und die Abwehrkräfte stärkt.

Chinesische Nudelpfanne

Zutaten für 4 Personen

50 g getrocknete Shiitake-Pilze
250 g schmale Reisbandnudeln
400 g Hähnchenbrustfilet
1 Zwiebel
1 EL Sonnenblumenöl
300 g asiatisches Tiefkühl-Mischgemüse (Pfannengemüse)
200 ml Fleischbrühe
Sambal Oelek, Sojasauce
2 EL Butter
1 EL gehackte Petersilie

1. Pilze in einer Schüssel mit 1 Liter heißem Wasser übergießen, 30 Minuten quellen lassen. Herausnehmen, Stiele entfernen, jeden Pilz in 4 Teile schneiden.
2. Die Reisnudeln in einer großen Schüssel mit heißem Wasser übergießen und quellen lassen.
3. Das Hähnchenbrustfilet kalt abwaschen, abtrocknen und in feine Streifen schneiden. Die Zwiebel schälen und in kleine Würfel schneiden.
4. Öl im Wok oder in einer tiefen Pfanne erhitzen. Die Zwiebelwürfel darin hellbraun anrösten, das Hähnchenbrustfilet dazugeben und rundherum goldbraun anbraten. Herausnehmen und warm stellen.
5. Pilze, Gemüse und die Brühe in den Wok geben, zugedeckt gut 5 Minuten garen.
6. Die Reisnudeln abtropfen lassen, unter das Gemüse mischen und kurz mit erhitzen. Alles mit Sambal Oelek und Sojasauce abschmecken. Die Butter in kleinen Stückchen und das Hähnchenbrustfilet untermengen, alles noch kurz erhitzen, dann auf einer Platte anrichten und mit frisch gehackter Petersilie garnieren. Dazu Kroepoek (Krabbenbrot) reichen.

Pro Portion etwa: 470 kcal, 55 g Kohlenhydrate, 35 g Eiweiß, 11 g Fett

Reich an wertvollen Stoffen ist dieses chinesische Nudelgericht. Da alle Zutaten nur ganz kurz im heißen Wok gegart werden, bleiben Vitamine und Mineralstoffe bestens erhalten. Vor allem deckt dieses Gericht durch seinen hohen Kaliumgehalt mehr als 60 Prozent des täglichen Bedarfs und verkürzt dadurch entscheidend die Regenerationsphase.

Gemüse & Kartoffeln

Gemüse & Kartoffeln – Mittelpunkt auf dem Speiseplan

Sie sind zurecht auf dem Speisezettel der Fußballer zu den Favoriten aufgerückt: Gemüse und Kartoffeln. Sie sind reich an Vitaminen, Mineralstoffen und Spurenelementen, ebenso an komplexen Kohlenhydraten und Ballaststoffen. Diese Ballaststoffe wirken im Körper wie ein Aufräumkommando. Sie fördern die Verdauung: quellen im Darm auf, füllen ihn, beschleunigen den Stuhlgang – sorgen somit dafür, daß Verbrauchtes („Schlacken") und Giftstoffe schnell ausgeschieden werden. Im Gemüse steckt noch mehr Gutes: Chlorophyll zum Beispiel, das „grüne Blut" der Pflanzen. Chlorophyll stärkt die Leber und hilft bei Entgiftungsarbeit, wirkt beim Aufbau neuer Zellen und bei der Bildung roter Blutkörperchen, senkt den Blutdruck, unterstützt die Infektabwehr und sorgt für die gesunde Darmflora, und es schützt sogar die Lungen.

Her mit dem jungen Gemüse

Seit ein paar Jahren ist die gesunde Wirkung der sogenannten sekundären Pflanzenstoffe, die im Gemüse stecken, bekannt. Diese Bio-Aktivstoffe wirken ähnlich effektiv wie Arzneimittel. Allerdings kommen sekundäre Pflanzenstoffe nur in sehr geringen Mengen und nur in bestimmten Gemüsen vor. Sie erfüllen jedoch wichtige Aufgaben: Sie bekämpfen verschiedene Krankheitserreger, stärken unser Immunsystem und können sogar Krebsentwicklung hemmen. Grund genug, reichlich Gemüse zu essen. Und möglichst oft.

Gemüse mit Fleisch statt Fleisch mit Gemüse

Gemüse sollte nicht nur als Beilage zu Fleisch oder Fisch serviert werden, sondern ganz klar im Mittelpunkt der Mahlzeit stehen. Motto: Gemüse mit Fleisch statt Fleisch mit Gemüse. Für Abwechslung ist bestens gesorgt – nahezu unendlich groß ist die Vielfalt an Gemüsesorten auf unseren Märkten. Und einfach zuzubereiten sind sie auch.

Wichtig dabei: das Gemüse möglichst frisch einkaufen und verarbeiten. Durch lange Lagerung gehen die wertvollen Vitamine verloren. Zudem Gemüse stets nur kurz waschen, erst nach dem Waschen putzen und zerkleinern, möglichst sofort nach dem Kleinschneiden garen und die Garzeit so kurz wie möglich halten.

Gemüse – auf Eis gelegt

Greifen Sie beruhigt auf Gemüse aus der Tiefkühltruhe zurück. Das wird unmittelbar nach der Ernte verarbeitet und eingefroren. Wertvolle Vitamine werden so konserviert und geschont.

Ohnehin ist Tiefkühlgemüse sogenanntem Frischgemüse vorzuziehen, das möglicherweise tagelang in den Regalen des Supermarktes liegt und dabei einen Großteil seiner Vitamine einbüßt.

Frischer Spinat beispielsweise hat nach zwei Tagen Aufenthalt im Kühlschrank bereits weniger Vitamin C als Tiefkühl-Spinat. Durch schnelles Tiefkühlen bleiben fast 70 Prozent des Vitamin C in den grünen Blättern erhalten.

Thomas Helmer

Saisonkalender: Aus deutschen Landen frisch auf den Tisch

	Jan	Feb	März	April	Mai	Juni	Juli	Aug	Sep	Okt	Nov	Dez
Auberginen	●	●	●	●	●	●●	●●	●●	●●	●●	●	●
Bohnen, grüne	●	●	●	●	●	●●	●●	●●	●●	●	●	●
Blumenkohl	●	●	●	●	●	●●	●●	●●	●●	●●	●●	●
Brokkoli	●	●	●	●	●	●	●●	●●	●●	●●	●	●
Erbsen						●	●●	●●	●●	●		
Fenchel	●	●	●	●	●	●	●	●●	●●	●●	●●	●
Kohlrabi	●	●	●	●	●●	●●	●●	●●	●●	●●	●	●
Lauch	●●	●●	●	●	●	●●	●●	●●	●	●	●●	●●
Möhren	●	●	●	●	●●	●●	●●	●●	●●	●●	●●	●
Paprika	●	●	●	●	●	●	●●	●●	●●	●●	●	●
Rosenkohl	●●	●●	●							●	●	●●
Rotkohl	●●	●●	●						●	●	●●	●●
Spargel				●●	●●	●●	●				●	●
Tomaten	●	●	●	●	●	●●	●●	●●	●●	●●	●	●
Weißkohl	●●	●●	●	●	●					●●	●●	●●
Wirsing	●●	●●	●	●	●	●●	●●	●●	●●	●	●●	●●
Zucchini	●	●	●	●	●●	●●	●●	●●	●●	●●	●	●

● = wird angeboten ●● = hat jetzt Hauptsaison, wird reichlich angeboten

Gnocchi in Gorgonzola-Sauce

Zutaten für 4 Personen

1 kg mehligkochende Kartoffeln
250 g Mehl
2 Eier, Jodsalz
Für die Sauce:
3 Salbeiblätter
1 kleine Zwiebel
1 Knoblauchzehe
2 EL Olivenöl
200 ml Milch
200 g Sahne
200 g Gorgonzola
Pfeffer aus der Mühle

1. Kartoffeln waschen, gar kochen, schälen und heiß durch eine Kartoffelpresse in eine Schüssel drücken. Das Mehl dazusieben, mit den Eiern zu einem glatten Teig verrühren und mit Salz abschmecken. Auf einer bemehlten Arbeitsfläche den Teig zu fingerdicken Rollen formen, davon 1 bis 2 cm große Stücke abschneiden und mit einer Gabel leichte Rillen eindrücken.
2. Salbei waschen, trockenschütteln und fein hacken. Die Zwiebel schälen und in kleine Würfel schneiden. Knoblauch schälen. Öl in einem Topf erhitzen, Knoblauch durch die Presse drücken und dazugeben. Die Zwiebelwürfel hinzufügen und alles hellbraun anrösten. Mit der Milch und der Sahne ablöschen. Rinde vom Gorgonzola entfernen, dann durch die Kartoffelpresse in die Sahnemilch drücken, glattrühren und bei schwacher Hitze kochen lassen, bis der Käse geschmolzen ist. Mit Salz und Pfeffer abschmecken.
3. Gnocchi in reichlich Salzwasser kochen. Steigen sie an die Oberfläche, noch kurz ziehen lassen, herausnehmen, dann abtropfen lassen. Auf vorgewärmten Tellern anrichten, mit der Sauce übergießen und mit Salbei bestreut servieren.
Dazu Tomatensalat reichen.

Pro Portion etwa: 830 kcal, 86 g Kohlenhydrate, 28 g Eiweiß, 41 g Fett

Kartoffelpuffer

Zutaten für 4 Personen

2 kg mehligkochende
Kartoffeln
2 kleine Zwiebeln
2 Eier
50 g Mehl (möglichst Vollkorn)
Jodsalz
schwarzer Pfeffer aus der Mühle
frisch geriebene Muskatnuß
Pflanzenöl zum Backen

1. Die Kartoffeln schälen und waschen. Die Zwiebeln schälen. Kartoffeln und Zwiebeln fein reiben.
2. In einer großen Schüssel die Eier mit einem Schneebesen leicht aufschlagen. Kartoffeln, Zwiebeln, Mehl, Salz, Pfeffer und Muskat dazugeben und alles gründlich vermengen.
3. In einer beschichteten Pfanne Öl erhitzen. Aus der Kartoffelmasse nach und nach kleine goldbraune Puffer backen.
4. Fertige Puffer aus der Pfanne nehmen und auf Küchenpapier etwas abtropfen lassen, damit überschüssiges Fett entfernt wird.
Zu den Kartoffelpuffern nach Belieben Apfel- oder Beerenkompott reichen, aber auch Feldsalat und gebeizter Lachs passen bestens dazu.

Pro Portion etwa: 470 kcal, 84 g Kohlenhydrate, 16 g Eiweiß, 7 g Fett

Die runden Erdknollen gehören zu den gesündesten Lebensmitteln überhaupt. Mit einer Portion der Puffer kann der Fußballer beispielsweise annähernd 70 Prozent seines Tagesbedarfs an Vitamin B_6 decken, wodurch der Muskelaufbau aus dem aufgenommenen Eiweiß erleichtert wird.
Damit die Puffer nicht zu einer fetten Angelegenheit werden, unbedingt eine beschichtete Pfanne zum Braten verwenden und die fertigen Puffer auf Küchenpapier abtropfen lassen.

Gefüllte Kartoffel „Italia"

Zutaten für 4 Personen

4 große, mehligkochende Kartoffeln
Jodsalz
Pfeffer aus der Mühle
1 TL frische Thymianblätter
1/2 Bund Petersilie
100 g fettarmer Joghurt
1/2 Bund Basilikum
150 g Parmaschinken
(in dünnen Scheiben)
2 Fleischtomaten
300 g Mozzarella von Büffelmilch

1. Die Kartoffeln gut waschen und in wenig Salzwasser gar kochen, dann abdampfen lassen und der Länge nach halbieren. Die Kartoffeln etwas aufdrücken und mit Alufolie so umwickeln, daß die angeschnittene Oberfläche frei bleibt. Mit Salz und Pfeffer würzen. Den Backofen auf 220° C vorheizen.
2. Thymian und Petersilie waschen, trockenschütteln und fein hacken, mit dem Joghurt in einer Schüssel vermischen und mit Salz und Pfeffer würzen. Das gewaschene Basilikum in feine Streifen, den Parmaschinken in kleine Würfel schneiden.
3. Die angemachte Joghurtmischung auf die Kartoffeln geben, die Schinkenwürfel und Basilikumstreifen darüber verteilen.
4. Die Tomaten waschen, abtrocknen und in Scheiben schneiden. Den Mozzarella ebenfalls in Scheiben schneiden. Zuerst Tomatenscheiben, dann die Mozzarellascheiben über die Kartoffeln legen. Die Kartoffeln im Ofen 10 bis 15 Minuten backen, danach in der Folie servieren.
Dazu paßt Feldsalat.

Pro Portion etwa: 430 kcal, 33 g Kohlenhydrate, 28 g Eiweiß, 20 g Fett

Ursprünglich wurde Mozzarella stets aus Büffelmilch hergestellt, heute nimmt man meist die Milch von Kühen. Sie sollten unbedingt zugreifen, wenn Sie echten Büffel-Mozzarella entdecken, denn er schmeckt viel würziger und aromatischer.

Kartoffelstrudel

Zutaten für 4 Personen

800 g festkochende Kartoffeln

Für den Strudelteig:

200 g Mehl, 1 Ei, 3 EL Keimöl

3–5 EL lauwarmes Wasser

Jodsalz

Für die Füllung:

3 Zwiebeln

100 g Räucherspeck

2 EL Griebenschmalz

2 EL gehackter Oregano

Kümmel, Jodsalz

Pfeffer aus der Mühle

250 g Magerquark

200 g Crème fraîche

100 g frisch geriebener Emmentaler

1. Die Kartoffeln in wenig Salzwasser gar kochen. Abgießen, auskühlen lassen, schälen und in 1 cm große Würfel schneiden.

2. Mehl auf eine Arbeitsfläche sieben, eine Mulde in die Mitte drücken. Ei und Öl hineingeben, mit etwas Mehl vermengen, Wasser und eine Prise Salz dazugeben, alles zu einem elastischen Teig verkneten. Zu einer Kugel formen, mit etwas Öl bestreichen, mit Folie zugedeckt etwa 30 Minuten ruhen lassen.

3. Zwiebeln schälen. Zwiebeln und Speck in kleine Würfel schneiden. In einer Pfanne mit 1 EL Schmalz hell andünsten. Kartoffeln dazugeben und kurz mit anbraten. Mit Oregano, Kümmel, Jodsalz und Pfeffer würzen, vom Herd nehmen. Backofen auf 200° C vorheizen.

4. Eine Folie mit Mehl bestäuben, den Teig hauchdünn in der Folie ausrollen, Oberseite der Folie abziehen. Den Quark, die Crème fraîche und den Käse mit den Kartoffeln vermischen und auf dem Teig verteilen. Mit Hilfe der Folie zusammenrollen. Enden gut andrücken.

5. Das Backblech mit Schmalz einfetten, Strudel auf das Backblech legen, mit dem restlichen warmen Schmalz bestreichen. Im Backofen 30 Minuten goldbraun backen. In Scheiben schneiden und servieren. Dazu passen bunte Salate.

Pro Portion etwa: **1010 kcal, 69 g Kohlenhydrate, 29 g Eiweiß, 68 g Fett**

Sellerie-Cordon-bleu

Zutaten für 4 Personen

2 Sellerieknollen (je 500 g)

4 Scheiben gekochter Schinken

8 kleine, dünne Scheiben Emmentaler Käse

Jodsalz

Pfeffer aus der Mühle

40 g Cornflakes

30 g gemahlene Haselnüsse

2 Eier

3 EL Mehl

3 EL Sonnenblumenöl

30 g Kräuterbutter

1. Die Sellerieknollen gut waschen und mit der Schale in Salzwasser 40 bis 50 Minuten bißfest garen, dann in Eiswasser abkühlen und schälen.

2. Die Knollen in 16 etwa ½ cm dicke Scheiben schneiden. Den Schinken in jeweils 4 gleich große Stücke teilen. Die Arbeitsfläche leicht salzen und pfeffern, die Hälfte der Selleriescheiben darauf legen und mit je 2 Viertel vom Schinken und 1 Scheibe Käse belegen, dann mit je einer Selleriescheibe abdecken. Mit Salz und Pfeffer würzen und gut andrücken.

3. Cornflakes in einem Küchentuch fein zerdrücken und mit den Haselnüssen vermischen. Die Eier in einem tiefen Teller verquirlen und das Mehl auf einen flachen Teller geben. Die Sellerie-Cordon-bleu zuerst in Mehl, in den Eiern, dann in der Cornflakesmischung sorgfältig wenden.

4. Öl in einer beschichteten Pfanne erhitzen, die Kräuterbutter dazugeben und die Sellerie-Cordon-bleu auf jeder Seite bei schwacher Hitze 2 bis 3 Minuten hellbraun braten.

Dazu einen Kartoffelsalat servieren.

Pro Portion etwa: **420 kcal, 25 g Kohlenhydrate, 21 g Eiweiß, 26 g Fett**

Sellerie enthält eine Reihe von Stoffen, die sich positiv auf Gehirn und Nerven auswirken. Ein Plus also für die Leistungsfähigkeit.

Brokkoli-Auflauf

Zutaten für 4 Personen

750 g Brokkoli
250 g Blumenkohl
250 g gekochter Schinken
(in Scheiben)
1 EL Butter
Für die Béchamelsauce:
40 g Butter, 40 g Mehl
1/4 ml Milch
1/4 l Gemüsebrühe, 4 Eier
100 g geriebener Emmentaler
Selleriesalz
etwas geriebene Muskatnuß
weißer Pfeffer aus der Mühle

1. Den Brokkoli und den Blumenkohl putzen, waschen und in kleine Röschen teilen, die Stiele in Scheiben schneiden. In kochendem Salzwasser kurz bißfest kochen, in einem Sieb abtropfen lassen. Den Schinken in kleine Würfel schneiden.
2. Die Butter in einem Topf schmelzen lassen, das Mehl einrühren und kurz aufschäumen lassen. Die kalte Milch dazugießen, gut einrühren, dann 1/4 Liter vom Gemüsekochwasser dazugeben und unter Rühren einige Minuten kochen lassen, vom Herd nehmen. Sauce unter Rühren erkalten lassen.
3. Die Eier trennen und das Eiweiß steif schlagen. Eigelb mit 50 g Käse in die Sauce rühren, dann den Eischnee darunterheben. Mit Salz, Muskatnuß und Pfeffer abschmecken.
4. Eine feuerfeste Form mit Butter einfetten, das Gemüse in die Form geben, den Schinken darauf verteilen und die Käsesauce darübergießen. Mit dem restlichen Käse gleichmäßig bestreuen und im Ofen etwa 30 Minuten knusprig backen.
Dazu Kräuterkartoffeln servieren.

Pro Portion etwa: 500 kcal, 17 g Kohlenhydrate,
36 g Eiweiß, 32 g Fett

Brokkoli strotzt nur so vor knochenstärkendem Calcium, blutbildendem Eisen und dem für unsere Sehkraft so wichtigen Carotin, einer Vorstufe von Vitamin A.

Gefüllte Zucchini

Zutaten für 4 Personen

4 Zucchini (etwa 600 g)
Jodsalz
1 Brötchen (möglichst Vollkorn)
1 kleine Zwiebel
1 1/2 EL Olivenöl
200 g gemischtes Hackfleisch
2 Eier
2 EL gehackte Petersilie
schwarzer Pfeffer aus der Mühle
1/4 l Fleischbrühe
40 g frisch geriebener Parmesan
40 g Tomatenmark
20 g Mehlschwitze
(Pulver; Fertigprodukt)
Zum Garnieren:
1–2 Tomaten (in kleine
Würfel geschnitten)

1. Den Backofen auf 200° C vorheizen. Die Zucchini waschen, längs halbieren, Kernchen mit einem Teelöffel entfernen. Die Zucchinihälften in reichlich kochendem Salzwasser 3 Minuten garen, abtropfen lassen.
2. Brötchen in kaltem Wasser einweichen. Zwiebel schälen und in feine Würfel schneiden. ½ EL Öl leicht erhitzen, die Zwiebeln darin glasig werden lassen.
3. Brötchen ausdrücken, mit Zwiebeln, Hackfleisch, Eiern und Petersilie vermengen, mit Salz und Pfeffer würzen. In die Zucchini füllen. Diese nebeneinander in eine breite, mit Öl ausgestrichene Auflaufform setzen.
4. Fleischbrühe erhitzen, in die Form gießen. Zucchini mit Parmesan bestreut im Ofen 20 Minuten garen.
5. Die Zucchini auf eine Platte heben und im ausgeschalteten Ofen warm stellen. Den Zucchinifond in einen Topf umgießen, auf dem Herd aufkochen lassen. Tomatenmark einrühren und mit Mehlschwitze binden, die Sauce abschmecken und als Spiegel auf vier Teller geben. Jeweils zwei Zucchinihälften darauf setzen und alles mit Tomatenwürfelchen bestreuen.
Dazu mit Kräutern bestreute Kartoffeln servieren.

Pro Portion etwa: 390 kcal, 18 g Kohlenhydrate, 23 g Eiweiß, 24 g Fett

Gemüselasagne

Zutaten für 4 Personen

1 Tomate, 1/2 Bund Petersilie
10 Basilikumblätter
200 g Brokkoli, 1 kleine Lauchstange
2 Möhren, 1 kleiner Kohlrabi
2 Eier
1 Knoblauchzehe, 1 EL Butter
300 g Lasagneblätter („ohne Kochen")
50 g frisch geriebener Parmesan
Für die Béchamelsauce:
40 g Butter, 40 g Mehl
500 ml Milch, Jodsalz
schwarzer Pfeffer aus der Mühle
frisch geriebene Muskatnuß

1. Für die Béchamelsauce die Butter in einem kleinen Topf schmelzen lassen, das Mehl hineinstreuen und goldgelb anschwitzen. Mit der Milch ablöschen und mit Salz, Pfeffer und Muskat würzen, bei ganz schwacher Hitze köcheln lassen.
2. Die Tomate einritzen, überbrühen, häuten und in kleine Würfel schneiden. Die Kräuter waschen, trockenschütteln und fein hacken.
3. Brokkoli, Lauch, Möhren und Kohlrabi waschen, putzen und in kleine Würfel schneiden. Etwas leicht gesalzenes Wasser aufkochen lassen, das Gemüse darin zugedeckt 3 bis 4 Minuten garen. Abgießen, gut abtropfen lassen, mit den Tomatenwürfeln und den gehackten Kräutern vermischen.
4. Die Eier in einer Tasse verquirlen, unter die Gemüsemischung mengen. Mit Salz, Pfeffer und Muskat abschmecken.
5. Eine feuerfeste, eckige Form mit Knoblauch und Butter einreiben. Den Backofen auf 180° C vorheizen.
6. Den Boden der Form mit Sauce bedecken. Eine Schicht Lasagneblätter hineinlegen, dann eine Schicht Gemüse. Wieder mit etwas Sauce bedecken. Nach und nach alle Zutaten einschichten, zuletzt eine Schicht Lasagneblätter einlegen, mit Sauce bedecken und mit Parmesan bestreuen.
7. Die Lasagne im Ofen in 35 bis 40 Minuten goldbraun backen.

Pro Portion etwa: 430 kcal, 41 g Kohlenhydrate, 20 g Eiweiß, 21 g Fett

Überbackener Blumenkohl

Zutaten für 4 Personen

1 großer Blumenkohl (ca. 600 g)
Jodsalz
200 g gekochter Schinken
(in dünnen Scheiben)
100 g geriebener Emmentaler
Für die Béchamelsauce:
1 kleine Zwiebel, 1 Lorbeerblatt
2 Nelken, 40 g Butter
40 g Mehl, 1/2 l Milch
Jodsalz
weißer Pfeffer aus der Mühle
frisch geriebene Muskatnuß

1. Für die Béchamelsauce die Zwiebel schälen und mit dem Lorbeerblatt und den Nelken spicken. In einem Topf die Butter zerlassen, das Mehl hineinstreuen und unter Rühren goldgelb werden lassen. Die Milch vorsichtig unterrühren, dann die gespickte Zwiebel dazugeben. Die Sauce unter häufigem Rühren bei schwacher Hitze etwa 1 Stunde leicht kochen lassen. Vorsicht, die Sauce brennt leicht an.
2. Den Blumenkohl waschen und putzen. In einem großen Topf etwas leicht gesalzenes Wasser aufkochen lassen, den Kohl hineingeben und zugedeckt ungefähr 15 Minuten kochen lassen. Die Röschen sollten noch Biß haben.
3. Den Backofen auf 200° C vorheizen. Den Blumenkohl herausnehmen und gut abtropfen lassen, in eine feuerfeste Form geben.
4. Die Béchamelsauce mit Salz, Pfeffer und Muskat abschmecken, die gespickte Zwiebel entfernen. Einen Teil der Sauce über den Blumenkohl gießen, die Schinkenscheiben auflegen, danach die restliche Sauce darüber verteilen.
5. Zuletzt den Emmentaler darüberstreuen und alles im Ofen in etwa 20 Minuten goldbraun überbacken. Dazu am besten Kartoffeln servieren.

Pro Portion etwa: 640 kcal, 35 g Kohlenhydrate 36 g Eiweiß, 39 g Fett

Fenchel mit Mozzarella überbacken

Zutaten für 4 Personen

1 kg Tomaten
1 Zwiebel
4 EL Olivenöl
2 Knoblauchzehen
1 Thymianzweig
1/2 Rosmarinzweig
1 Lorbeerblatt
150 ml Gemüsebrühe
1 kg Fenchel
Jodsalz
Pfeffer aus der Mühle
250 g Mozzarella

1. Tomaten waschen, abtrocknen und in kleine Stücke schneiden. Zwiebel schälen und in kleine Würfel schneiden. Olivenöl in einem Topf erhitzen, Knoblauch schälen und in das Öl drücken. Zwiebelwürfel dazugeben und hell andünsten. Tomaten und Kräuter dazugeben, danach mit der Brühe auffüllen und zugedeckt bei schwacher Hitze kochen lassen.
2. Den Fenchel putzen und waschen, das feine Fenchelgrün abschneiden und zur Seite legen. Die Fenchelknollen längs in 1 cm dicke Scheiben schneiden und in kochendem Salzwasser 3 bis 4 Minuten vorgaren. Auf ein Sieb geben und abtropfen lassen.
3. Die Tomatensauce durch ein Sieb streichen, mit Salz und Pfeffer abschmecken. Die Fenchelscheiben in die Sauce geben und in 10 bis 15 Minuten bißfest garen. Backofen auf 220° C vorheizen.
4. Mozzarella in dünne Scheiben schneiden. Das Fenchelgrün hacken. Den Fenchel aus der Tomatensauce heben und in eine feuerfeste Form legen, dann mit der Tomatensauce übergießen und mit den Mozzarellascheiben belegen. Im Backofen 5 bis 8 Minuten überbacken. Mit dem Fenchelgrün bestreut servieren.
Dazu passen Butterkartoffeln.

Pro Portion etwa: 370 kcal, 15 g Kohlenhydrate, 21 g Eiweiß, 24 g Fett

Wirsingköpfchen

Zutaten für 4 Personen

1 1/2 kg Wirsingkohl
1 Zwiebel, 50 g Räucherspeck
50 g gekochter Schinken
5 EL Sonnenblumenöl
100 g gekochter Reis
2 EL gehackte Petersilie
schwarzer Pfeffer aus der Mühle
frisch geriebene Muskatnuß
50 g Butter, Jodsalz
300 ml Fleischbrühe
evtl. 50 g helle Mehlschwitze

1. Den Wirsingkopf waschen, putzen, den Strunk keilförmig herausschneiden. In einem großen Topf reichlich Wasser aufkochen. Den Kohlkopf hineingeben, kurz garen, herausheben, nacheinander die 12 größten Blätter lösen. Den Kopf eventuell nochmal in das kochende Wasser legen, damit sich weitere Blätter abtrennen lassen. Restlichen Wirsing grob hacken.
2. Geschälte Zwiebel, Speck und Schinken in feine Würfel schneiden. Öl in einem Topf erhitzen, Zwiebeln, Speck und Schinken darin leicht anbraten. Den Wirsing und ganz wenig Wasser dazugeben, alles zugedeckt bei schwacher Hitze etwa 5 Minuten dünsten.
3. Den Reis und die Petersilie untermengen, das Gemüse mit Salz, Pfeffer und Muskat abschmecken.
4. Bei den abgelösten Wirsingblättern die harten Mittelrippen keilförmig herausschneiden. Jeweils 2 Blätter überlappend und versetzt aneinanderlegen. Portionsweise die Füllung auf die ausgebreiteten Wirsingblätter geben und aufrollen. Röllchen nacheinander in ein Küchentuch hüllen, dieses zusammendrehen, die Wirsingröllchen dadurch rund formen, herausnehmen.
5. Butter in einem Topf erhitzen, Wirsingköpfchen darin leicht anbraten. Mit Fleischbrühe ablöschen und zugedeckt bei schwacher Hitze etwa 30 Minuten garen.
6. Wirsingköpfchen aus dem Topf heben und warm stellen, Brühe im Topf nach Belieben mit heller Mehlschwitze binden, abschmecken und auf Teller geben, jeweils drei Wirsingköpfchen auf die Sauce setzen.
Hierzu Petersilienkartoffeln reichen.

Pro Portion etwa: 580 kcal, 36 g Kohlenhydrate, 18 g Eiweiß, 41 g Fett

Champignons in Kerbelsauce

Zutaten für 4 Personen

600 g kleine, feste Champignons
3 Schalotten
1–2 Handvoll Kerbel
2 EL Butter
50 g Sahne
Jodsalz
weißer Pfeffer aus der Mühle
Für die Sauce:
1 Schalotte
1 kleines Stück Möhre
1 kleines Stück Sellerie
1 kleines Stück Lauch (nur weiße Teile)
40 g Butter
40 g Mehl
1/2 l Brühe

1. Für die Sauce Schalotte, Möhre, Sellerie und Lauch putzen und in feine Würfel schneiden. Die Butter in einem Topf aufschäumen lassen, die Gemüsewürfel darin leicht anbraten, ohne daß sie Farbe annehmen. Das Mehl darüberstreuen und goldgelb anrösten, dann unter Rühren mit der Brühe ablöschen. Unter häufigem Rühren bei schwacher Hitze etwa 45 Minuten köcheln lassen. Vorsicht, die Sauce brennt leicht an.
2. Inzwischen die Champignons mit einem Pinsel säubern oder mit einem feuchten Tuch abreiben und putzen. Die Schalotten schälen und in kleine Würfel schneiden. Den Kerbel verlesen, waschen, trockenschütteln und hacken.
3. Die Butter in einer breiten Pfanne aufschäumen lassen. Die Schalotten hineingeben und glasig werden lassen, dann die Pilze dazugeben und anbraten.
4. Die helle Sauce durch ein feines Sieb zu den Pilzen geben. Die Sahne und den Kerbel unterrühren und alles mit Salz und Pfeffer abschmecken.

Pro Portion etwa: 280 kcal, 7 g Kohlenhydrate, 23 g Eiweiß, 12 g Fett

Gefüllte Paprikaschoten

Zutaten für 4 Personen

100 g Langkornreis
8 mittelgroße Paprikaschoten
Jodsalz
1 Zwiebel, 1 EL Butter
1 Vollkornbrötchen (vom Vortag)
500 g gemischtes Hackfleisch
1 Ei, 2 EL gehackte Petersilie
Pfeffer aus der Mühle
frisch geriebene Muskatnuß
3 EL Olivenöl
1 Knoblauchzehe
200 ml Fleischbrühe
1 große Dose Schältomaten (800 g)

1. Den Reis waschen und abtropfen lassen, in Salzwasser etwa 8 Minuten garen. In ein Sieb abgießen und mit kaltem Wasser abbrausen.
2. Die Paprikaschoten waschen und abtrocknen, die Stiele mit einem Messer großzügig herausschneiden. Die Kerne aus den Schoten entfernen, die Schoten innen leicht salzen.
3. Die Zwiebel schälen und in kleine Würfel schneiden. In einer Pfanne die Butter zerlassen, die Zwiebeln darin goldgelb anbraten. Vom Herd nehmen.
4. Das Brötchen in kaltem Wasser einweichen, danach gut ausdrücken und mit Hackfleisch, Zwiebeln, Ei, Reis und Petersilie in eine Schüssel geben. Alles gründlich vermengen und mit Salz, Pfeffer und Muskatnuß abschmecken. In die vorbereiteten Paprikaschoten füllen.
5. In einem großen Bräter das Olivenöl erhitzen. Den Knoblauch schälen und dazudrücken, die Paprikaschoten hineinsetzen und kurz anbraten. Mit der Brühe ablöschen und zugedeckt bei schwacher Hitze etwa 20 Minuten garen.
6. Inzwischen die Schältomaten fein pürieren oder durch ein Sieb streichen, dann würzen. Zu den Paprikaschoten geben, alles noch 10 bis 20 Minuten garen. Cremiges Kartoffelpüree oder Zwiebelvollkornbrot dazu reichen.

Pro Portion etwa: 610 kcal, 38 g Kohlenhydrate, 33 g Eiweiß, 36 g Fett

Schwarzwurzel-Spinat-Auflauf

Zutaten für 4 Personen

1 EL Mehl, Saft von 1 Zitrone
1 kg Schwarzwurzeln, Jodsalz
1 kg Spinat, 3 Eier
100 ml trockener Riesling
200 g Crème fraîche (oder saure Sahne)
100 g frisch geriebener Parmesan
Pfeffer aus der Mühle
frisch geriebene Muskatnuß
3 EL gehackte Walnüsse
2 EL Butter

1. Mehl und die Hälfte vom Zitronensaft in einer Schüssel voll Wasser gut vermischen. Schwarzwurzeln gut waschen und unter fließendem Wasser mit einem Spargelschäler schälen. In gleich große Stücke schneiden und im vorbereiteten Zitronenwasser bis zum Kochen aufbewahren.
2. Reichlich Wasser zum Kochen bringen, salzen und den restlichen Zitronensaft dazugeben. Die Schwarzwurzeln darin etwa 15 Minuten bißfest kochen, herausnehmen und auf einem Sieb abtropfen lassen.
3. Spinat putzen – nur die Blätter verwenden –, gut waschen und 1 Minute in kochendes Salzwasser geben, danach ebenfalls auf einem Sieb gut abtropfen lassen. Den Backofen auf 200° C vorheizen.
4. Die Eier, den Wein, die Crème fraîche (oder saure Sahne für die fettärmere Variante) und den Parmesan mit einem Schneebesen verquirlen und mit Salz, Pfeffer und Muskatnuß abschmecken.
5. Eine feuerfeste Form mit etwas Butter ausreiben, danach Spinat, Schwarzwurzeln und die Eiermischung schichtweise einfüllen. Die letzte Schicht sollten Schwarzwurzeln bilden, zuletzt noch die restliche Eiermischung darübergießen. Mit den Walnüssen und Butterflocken bestreuen und im Backofen in 30 bis 40 Minuten goldbraun backen.
Dazu passen am besten Salzkartoffeln.

Pro Portion etwa: 610 kcal, 12 g Kohlenhydrate, 26 g Eiweiß, 49 g Fett

Gemüsekuchen

Zutaten für 4 Personen

300 g tiefgekühlter Blätterteig
je 100 g Brokkoli, Blumenkohl,
Sellerie und Lauch
3 Möhren
100 g Schwarzwälder Schinken
3 Eier, 200 g Sahne
2 EL gemischte, gehackte Kräuter
Jodsalz, Pfeffer aus der Mühle
frisch geriebene Muskatnuß
12 Cocktailtomaten

1. Blätterteig auftauen lassen. Blätterteigplatten mit etwas Wasser bepinseln, übereinanderlegen und zu einer runden Platte von 28 cm ausrollen. Eine Springform (Ø 24 cm) mit Wasser ausspülen, mit dem Teig auslegen, einen kleinen Rand formen und mit einer Gabel Löcher in den Teigboden stechen.
2. Gemüse waschen und putzen. Den Brokkoli und den Blumenkohl in kleine Röschen teilen, das restliche Gemüse und den Schinken in feine Würfel schneiden.
3. Das Gemüse in Salzwasser bißfest garen. In ein Sieb abgießen und abtropfen lassen.
4. Springform mit dem Blätterteig 5 Minuten im Ofen vorbacken. Eier, Sahne und Kräuter mit einem Schneebesen gut verquirlen, mit Salz, Pfeffer und Muskatnuß abschmecken.
5. Schinken unter das Gemüse mischen. Auf dem vorgebackenen Kuchenboden verteilen, das Eiergemisch darübergießen. Die Tomaten gleichmäßig am Rand entlang der Gemüsetorte verteilen. Im Backofen 30 bis 40 Minuten hellbraun backen.

Pro Portion etwa: 600 kcal, 29 g Kohlenhydrate, 19 g Eiweiß, 46 g Fett

Gemüsetorten eignen sich als Vorspeise, Hauptgang oder als Beilage – warm serviert schmecken sie am besten.
Für Gemüsetorten können viele Teigsorten und alle Arten von Gemüse verwendet werden. Die einzelnen Teigsorten der nebenstehenden Rezepte können Sie beliebig mit den verschiedenen Füllungen kombinieren. Probieren Sie einfach aus, welche Kombination Ihnen am besten schmeckt.

Variationen

Zutaten für 4 Personen

Für den Mürbeteig:
125 g gekühlte Butter, 250 g Mehl
4 EL kaltes Wasser, 1/2 TL Jodsalz
Für den Ricottateig:
100 g Ricotta oder Quark
1 Ei, 1 EL Olivenöl
150 g Roggenmehl, 1 TL Backpulver
1/2 TL Jodsalz
Für die Romanescofüllung:
500 g vorgegarter Romanesco
100 g Roquefort, 200 g Sahne
4 Eier, Jodsalz, Pfeffer, Muskatnuß
2 EL gehackte Walnüsse
Für die Möhrenfüllung:
4 Möhren, 2 EL Butter
5 EL Orangensaft
300 g Tiefkühl-Erbsen
2 EL Ahornsirup
2 EL gehackte Petersilie, Pfeffer
100 g Crème fraîche, 100 g Sahne
3 Eier, 2 EL geröstete Pinienkerne

Für den Mürbeteig: die Butter in kleine Stücke schneiden und mit den restlichen Zutaten rasch zu einem Teig verkneten. Mit Folie einpacken, 30 Minuten kalt stellen, danach ausrollen.
Für den Ricottateig: in einer Schüssel Ricotta, Ei und Öl gut verrühren, das gesiebte Mehl und die restlichen Zutaten zu einem Teig verkneten. In Folie einwickeln und 30 bis 45 Minuten ruhen lassen, danach weiter verarbeiten.
Für die Romanescofüllung: vorgegarten Romanesco auf den Teig legen. Für die Sauce Roquefort zerdrücken, mit Sahne und Eiern verrühren, mit Salz, Pfeffer und Muskatnuß abschmecken, über den Romanesco gießen, mit Walnüssen garnieren.
Für die Möhrenfüllung: Möhren raspeln, in einer Pfanne mit Butter andünsten, mit Orangensaft ablöschen, die Erbsen dazugeben. Mit Ahornsirup, Petersilie, Salz und Pfeffer würzen. Crème fraîche, Sahne und Eier verquirlen. Möhrenmischung auf Teig geben, Sauce darübergießen, mit Pinienkernen garnieren.

Fisch, Fleisch, Wild & Geflügel

Fisch, Fleisch, Wild & Geflügel – fürs Abseits zu wichtig

Kennen Sie den noch: Geht ein Fußballprofi ins Restaurant. „Ich hätte gern ein Steak mit Salat. Das Steak schön abgehangen, genau 240 Gramm schwer, natürlich nicht zu fett, aber auch nicht zu mager und innen nicht zu blutig."
„Sehr wohl, mein Herr", sagt der Kellner, „und nun sagen Sie mir doch, welche Blutgruppe Sie wünschen?"
Es gab Zeiten, da schworen viele Sportler – und die meisten Profi-Kicker sowieso – aufs Steak. Sie glaubten an die überirdischen Kräfte, die in saftigem Fleisch stecken. Manche konnten gar nicht genug davon kriegen.

Wenn Sportler fleischlos glücklich sind

Die skurrilen Hochzeiten des Sportler-Steaks sind vorbei. Glücklicherweise setzt sich immer mehr die Kunde durch, daß gerade Kartoffeln und Gemüse, Reis und Nudeln prima Power liefern können. Durch Fleisch-Skandale (BSE, Massentierhaltung) ist vielen der Appetit auf Steaks und Würstchen vollends vergangen – sie wurden Vegetarier. Erfolgreiche Sportler, wie Boris Becker, Carl Lewis oder der Fußball-Nationalspieler Alain Sutter, bekannten: Ich bin fleischlos glücklich. Fest steht: Der Fleischverzehr ist deutlich in den Hintergrund gerückt. Trotzdem: Fleisch bleibt wichtig innerhalb einer vollwertigen Ernährung. Der Nährstoffbedarf ist bei Sportlern ohnehin höher. Bei Ausdauerbelastung wird Muskeleiweiß abgebaut, um daraus im Stoffwechsel den Muskeltreibstoff Glukose herzustellen. Vitamine und Mineralien werden als Koenzyme vermehrt gebraucht. Auch durchs Schwitzen geht vieles verloren. Fleisch liefert eine Reihe gesunder Stoffe, etwa leicht verdauliches Eiweiß, das für die Energiegewinnung aus Kohlenhydraten wichtige Vitamin B_1, das am Aufbau von Muskeln beteiligte Vitamin B_6 oder das für die Wundheilung notwendige Zink. Außerdem ist Fleisch eine wichtige Quelle für die Versorgung mit Eisen, Kalium, Magnesium, Phosphor – lauter Mineralstoffe und Spurenelemente, die zwar auch in pflanzlichen Lebensmitteln vorkommen. Aber unser Organismus kann sie leichter und besser verwerten, wenn sie tierischen Ursprungs sind.

Fisch – eine wertvolle Quelle

Fisch ist unverzichtbar, sollte möglichst zweimal pro Woche auf den Tisch kommen.

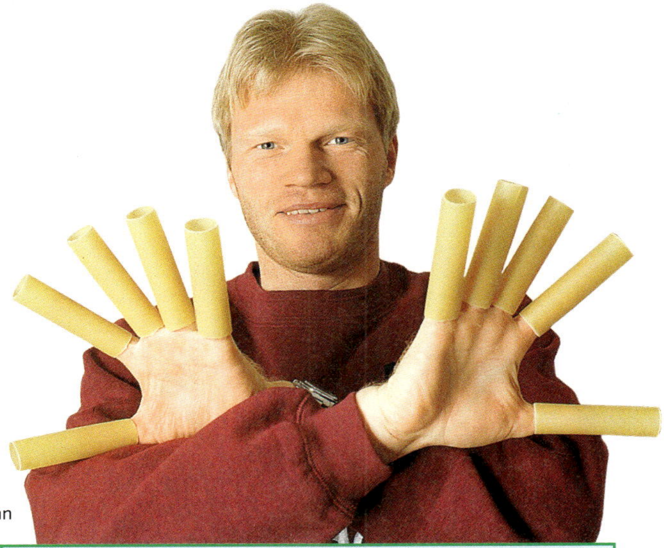

Er liefert leichtverdauliches Eiweiß und – allerdings gilt dies nur für Meeresfisch – große Mengen Jod, einem Mineralstoff, an dem es in Deutschland vielen Menschen mangelt. Reichlich Vitamin B_6 erleichert den Muskelaufbau aus dem aufgenommenen Eiweiß, und Vitamin B_{12} fördert die Bildung roter Blutkörperchen und den Sauerstofftransport. Makrele, Lachs, Thunfisch und Hering enthalten zudem eine Fettsäure, die Herz und Gefäße schützt.

Oliver Kahn

Tips für den Einkauf

Fisch: Frische ist das A und O beim Kauf von Fischen. Haben Sie keinen vertrauenswürdigen Fischhändler in Reichweite, greifen Sie lieber auf Tiefkühlfisch zurück. Wie aber erkennt man, ob frischer Fisch auch wirklich frisch ist? Der Geruch ist angenehm und leicht, keineswegs darf Fisch nach Fisch riechen! Die Haut glänzt frisch und sitzt fest gespannt am Fleisch. Schleim auf der Haut ist klar und durchsichtig. Die Augen stehen leicht hervor, sind klar, frisch und durchsichtig-glänzend. Die Kiemen sind feucht, glänzend und leuchtend rot. Die Schuppen glänzen und sitzen fest an der Haut.

Fleisch: Fast jeder Supermarkt bietet heute frisches Fleisch an, oft zu sehr günstigen Preisen. Wer jedoch spezielle Wünsche bezüglich Qualität, Menge und Größe eines Bratens erfüllt haben möchte, geht lieber zum Metzger. Und wer auf seine Gesundheit ebenso achtet wie auf die Natur, der kauft beim Bio-Metzger nur Fleisch von Tieren aus artgerechter Haltung. Das ist zwar etwas teurer, aber bereits der gute Geschmack des Fleisches überzeugt.

Rindfleisch: Es sollte stets gut marmoriert sein, also von Fett durchzogen, damit es beim Garen nicht austrocknet. Zudem sind bei gutem Rindfleisch die Fleischfasern fein und kräftig rot, Fettadern zart und weiß, die Fettränder ebenfalls weiß. Hellrotes Fleisch mit groben Fasern und gelblichem Fett wird zäh. Wichtig ist auch, daß der Metzger das Fleisch richtig abhängen läßt. Zum Kochen müssen es drei bis fünf Tage sein, zum Braten bis zu 20 Tage.

Schweinefleisch: Gutes Fleisch ist kräftig rosarot, hat zarte Fasern und eine leicht durchwachsene Maserung. Helles, wäßriges Fleisch sollten Sie liegen lassen, es stammt von überzüchteten Tieren, schrumpft in der Pfanne und wird zäh.

Kalbfleisch: Sehr helles, wäßrig aussehendes Kalbfleisch stammt von Tieren, die mit Milch gemästet und oftmals sehr jung geschlachtet werden – ihm fehlt es an Geschmack. Gutes Kalbfleisch ist feinfaserig und kräftig rosafarben, die Tiere werden mit Heu und Stroh aufgezogen und im Alter von fünf bis sechs Monaten geschlachtet. Es enthält deutlich mehr Eisen als sehr helles Kalbfleisch.

Geflügel: Große Zuwachsraten beim Verbrauch verzeichnen Huhn und Pute, das zarte Fleisch wird immer beliebter. Ente und Gans hingegen bleiben nach wie vor meist besonderen Gelegenheiten vorbehalten.

Hühnchen und Hähnchen: Der Name sagt nichts über das Geschlecht des Tieres, gemeint ist stets das gleiche Federvieh. Es gibt jedoch große Qualitätsunterschiede. Die meisten Hähnchen stammen von Zuchtfarmen und werden in riesiger Stückzahl geschlachtet, verpackt und verkauft – deshalb auch die stets gleiche Größe. Diese Hähnchen jedoch sind zäh und wenig aromatisch. Wer auf Geschmack und zartes Fleisch wert legt, kauft ausschließlich Hühner, die frei herumlaufen und sich ihr Futter selbst suchen dürfen. Probieren Sie es einmal aus – Sie werden nie wieder ein billiges Tiefkühlhähnchen kaufen.

Puten und Truthähne: Auch hier sind die gleichen Tiere gemeint. Die gesteigerte Nachfrage hat leider einen Nachteil auf die Qualität des Fleisches – es stammt heute meist von großen Truthahnfarmen, auf denen die Tiere gezüchtet und rasch gemästet werden. Das Fleisch – vor allem das Brustfleisch – ist heller und weniger aromatisch, aber natürlich auch preiswerter. Probieren Sie einmal die weniger begehrten Ober- und Unterkeulen – da bekommen Sie für wenig Geld viel Geschmack.

Waller mit Weißweinsauce

Zutaten für 4 Personen

4 Wallerfilets (etwa 600 g)
Jodsalz, weißer Pfeffer aus der Mühle
Butter zum Braten
Für die Sauce:
40 g Butter, 40 g Mehl
400 ml Fischfond
100 ml trockener Weißwein
2 EL Crème fraîche, 1 Eigelb
etwas Zitronensaft, Jodsalz
weißer Pfeffer aus der Mühle
Außerdem:
Zitrone und Dill zum Garnieren

1. Für die Sauce Butter in einem Topf zerlassen, Mehl dazugeben und unter Rühren goldgelb anrösten. Mit dem Fischfond und dem Wein ablöschen und die Sauce aufkochen lassen. Nach Belieben durch ein feines Sieb passieren. Leicht köcheln lassen.
2. Die Fischfilets kalt abwaschen und abtrocknen, mit Salz und Pfeffer würzen. Butter in einer Pfanne aufschäumen lassen, die Filets darin von jeder Seite etwa 5 Minuten bei schwacher Hitze braten.
3. Gleichzeitig die Crème fraîche mit dem Eigelb verrühren. Unter die Sauce ziehen und diese mit Zitronensaft, Salz und Pfeffer abschmecken. Nicht mehr kochen lassen, damit die Sauce nicht gerinnt.
4. Die Fischfilets zusammen mit der Sauce anrichten, mit Zitrone und Dill garnieren.
Dazu passen mit Dill bestreute Salzkartoffeln.

Pro Portion etwa: 610 kcal, 9 g Kohlenhydrate, 79 g Eiweiß, 26 g Fett

Waller oder Wels, wie der Süßwasserfisch auch genannt wird, liefert festes weißes Fleisch. Das Fischeiweiß ist leicht verdaulich, belastet also nicht unnötig den Magen.
Die helle Weinsauce paßt zu allen gebratenen, gedünsteten und gedämpften Fischen. Sie läßt sich zudem leicht variieren: gewürfelte Schalotten anfangs mit anrösten, Krebs- oder Hummerbutter verwenden (etwa für Krustentiere), gehackte Kräuter dazugeben, die fertige Sauce mit Cognac verfeinern.

Riesengarnelen in Dillrahm

Zutaten für 4 Personen

20 ungeschälte rohe Riesengarnelen
(etwa 600 g)
Saft von 1/2 Zitrone, Jodsalz
weißer Pfeffer aus der Mühle
3 Schalotten, 2 EL Butter
200 ml trockener Weißwein
2 EL Mehl
300 ml Fischfond
2 EL Schmand
2 EL gehackter Dill

1. Die Garnelen schälen, waschen und abtropfen lassen. Mit Zitronensaft, Salz und Pfeffer würzen.
2. Die Schalotten schälen und in kleine Würfel schneiden. 1 EL Butter in einer Pfanne erhitzen, die Schalotten darin goldgelb werden lassen. Die Garnelen dazugeben und kurz in der Schalottenbutter schwenken, dann mit dem Weißwein ablöschen und zugedeckt etwa 4 Minuten dünsten. Die Garnelen aus der Pfanne nehmen und zugedeckt warm stellen.
3. Inzwischen in einem kleinen Topf die restliche Butter zerlassen, das Mehl einstreuen und goldgelb werden lassen. Unter Rühren mit dem Fond ablöschen und alles einige Minuten köcheln lassen.
4. Den Weinsud in der Pfanne mit der weißen Sauce auffüllen. Kurz aufkochen lassen, dann durch ein Haarsieb passieren und nochmals aufkochen lassen. Den Schmand und den Dill unterrühren und die Sauce abschmecken. Zum Servieren über die Garnelen geben.
Am besten Pilaw-Reis, Farfalle, Bandnudeln oder Kartoffeln dazu reichen.

Pro Portion etwa: 400 kcal, 11 g Kohlenhydrate, 45 g Eiweiß, 15 g Fett

Durch seinen Eiweißgehalt ist dieses Gericht sehr gut für den Muskelaufbau.
Tiefgefrorene Garnelen kurz in lauwarmes Wasser legen und auftauen lassen, oder die Garnelen bereits am Vortag zugedeckt in den Kühlschrank legen.
Unbedingt frisch gehackten Dill verwenden, der wertvolle Vitamine und Mineralien liefert. Ersatzweise auf tiefgefrorenen, nicht auf getrockneten Dill zurückgreifen.

Forellen auf Wurzelgemüse

Zutaten für 4 Personen

4 Regenbogenforellen
(küchenfertig; je etwa 350 g)
Jodsalz, Pfeffer aus der Mühle
1 Möhre, 1 kleine Lauchstange
100 g Knollensellerie
1 kleine Zwiebel, 2 EL Butter
1/4 l trockener Riesling, 100 g Sahne
evtl. 1 EL helle Mehlschwitze
(Pulver; Fertigprodukt)
2 EL gehackte Petersilie

1. Die Forellen gut waschen, eventuell die Flossen abschneiden. Die Forellen für 4 bis 5 Sekunden in kochendes Salzwasser geben und anschließend auf ein Küchentuch legen. Auf beiden Seiten hinter den Kiemen und dem Rücken entlang bis zum Schwanz mit einem kleinen scharfen Messer die Haut einschneiden. Haut zwischen Messer und Daumen an einer Hautecke fassen, von den Kiemen bis zum Schwanz abziehen. Die Forellen auf der Bauchseite leicht würzen.
2. Das Gemüse waschen, putzen und in feine Streifen schneiden.
3. In einem flachen, großen Bräter (es sollten die 4 Forellen nebeneinander hineinpassen) die Butter zerlassen. Das Gemüse darin kurz anschwitzen, dann mit Salz und Pfeffer würzen. Die Forellen auf das Gemüse legen, zudecken und kurz andünsten. Mit dem Weißwein ablöschen und etwa 10 Minuten dünsten.
4. Die Forellen aus dem Bräter nehmen, zugedeckt warm stellen. Das Gemüse in ein Sieb geben, über dem Bräter gut abtropfen lassen, zugedeckt warm halten.
5. Den Weinfond im Bräter aufkochen. Die Sahne dazugeben und die Sauce nach Belieben mit etwas Mehlschwitze binden. Mit Salz und Pfeffer abschmecken.
6. Das Wurzelgemüse auf einer großen Platte verteilen, die Forellen darauf legen. Mit der Sauce übergießen und mit gehackter Petersilie bestreuen.
Dazu passen Bandnudeln oder Kartoffeln sowie bunter Salat, Romanesco oder Brokkoli.

Pro Portion etwa: 640 kcal, 7 g Kohlenhydrate, 86 g Eiweiß, 24 g Fett

Schollenfilet auf Gemüsebett

Zutaten für 4 Personen

1 Möhre, 1 kleine Lauchstange
1 kleiner Zucchino und
1 Stück Sellerie (etwa 80 g)
3 Schalotten
8 Schollenfilets (etwa 600 g)
Jodsalz, 1 TL Worcestersauce
Saft von 1/2 Zitrone
2 EL Butter
200 ml trockener Weißwein
1 EL Crème fraîche
50 g Sahne
evtl. 1 EL heller Saucenbinder
weißer Pfeffer aus der Mühle
Zum Garnieren:
2 feingewürfelte Tomaten, etwas Dill

1. Möhren, Lauch, Zucchino und Sellerie waschen, putzen und in feine Streifen schneiden. Die Schalotten schälen und in kleine Würfel schneiden. Die Schollenfilets kalt abwaschen und abtrocknen. Salzen und mit Worcestersauce und Zitronensaft marinieren.
2. Die Butter in einer Pfanne erhitzen, die Schalotten darin glasig werden lassen. Die Gemüsestreifen dazugeben, kurz anrösten, mit wenig Wein ablöschen. Zugedeckt bei schwacher Hitze 3 bis 4 Minuten dünsten.
3. Die Schollenfilets auf das Gemüse legen, 2 bis 3 EL Weißwein darübergießen. Die Pfanne zudecken und alles bei schwacher Hitze etwa 5 Minuten dünsten.
4. Die Schollenfilets mit den Gemüsestreifen (ohne Flüssigkeit) auf Tellern anrichten, warm stellen.
5. Den übrigen Wein in die Pfanne gießen und aufkochen lassen, mit Crème fraîche und Sahne verfeinern und nach Belieben mit Saucenbinder andicken. Die Sauce abschmecken und über die Schollenfilets geben. Mit Tomatenwürfeln und Dill garnieren.
Dazu passen Petersilienkartoffeln oder Reis.

Pro Portion etwa: 350 kcal, 7 g Kohlenhydrate, 34 g Eiweiß, 17 g Fett

Lasagne mit Zanderfilet

Zutaten für 4 Personen

60 g Butter, 1 EL Mehl
300 ml Fischfond
400 g Zanderfilet (ohne Haut)
Saft von 1/2 Zitrone, Jodsalz
schwarzer Pfeffer aus der Mühle
frisch geriebene Muskatnuß
50 g Schalotten, 1 Knoblauchzehe
200 g Tiefkühl-Blattspinat
(aufgetaut und abgetropft)
16 Lasagneblätter (200–300 g;
„ohne Kochen“)
100 g geschälte, gekochte Shrimps

1. 20 g Butter in einem kleinen Topf schmelzen lassen. Das Mehl hineinstreuen und goldgelb werden lassen, unter Rühren mit dem Fischfond ablöschen. Bei ganz schwacher Hitze köcheln lassen.
2. Die Zanderfilets kalt abwaschen, abtrocknen und mit Zitronensaft, Salz, Pfeffer und Muskat würzen.
3. Die Schalotten und den Knoblauch schälen und in feine Würfel schneiden. 2 EL Butter in einer Pfanne zerlassen, die Schalotten und den Knoblauch darin glasig werden lassen. Den Spinat dazugeben und kurz erhitzen, mit Salz, Pfeffer und Muskat abschmecken.
4. Den Backofen auf 180° C vorheizen. Eine feuerfeste Form mit der restlichen Butter einreiben.
5. Den Boden der Form mit etwas heißer Fischsauce bedecken, darauf eine Schicht Lasagneblätter legen. Diese mit Spinat belegen, dann die Zanderfilets darauf geben. Die Shrimps gleichmäßig darüber verteilen und mit Spinat bedecken.
6. Restliche Lasagneblätter einschichten, mit Fischsauce übergießen, im Ofen 35 bis 40 Minuten garen.
Nach Belieben vor dem Garen die Lasagne mit reichlich frisch geriebenem Parmesan bestreuen.

Pro Portion etwa: 370 kcal, 26 g Kohlenhydrate,
33 g Eiweiß, 14 g Fett

Zander hat sehr festes, vor allem aber sehr mageres Fleisch. Zwar liefert er als Süßwasserfisch nur wenig Jod, das jedoch steuern bei dieser feinen Lasagne die Shrimps bei. Jodmangel nämlich kann müde und nervös machen.

Gefüllte Kalbsröllchen

Zutaten für 4 Personen

8 dünne Scheiben Kalbsschnitzel
(je etwa 70 g)
Jodsalz, 2 EL Mehl
8 Scheiben Parmaschinken (40 g)
8 Salbeiblätter, 1 kleine Zwiebel
1 Knoblauchzehe, 40 g Butter
200 g Tiefkühl-Blattspinat
(aufgetaut)
schwarzer Pfeffer aus der Mühle
2 EL Olivenöl, 2 Tomaten
100 ml Rotwein, 100 ml Fleischbrühe
250 ml Bratensauce (Fertigprodukt)
50 g Crème fraîche

1. Das Kalbfleisch kalt abwaschen, abtrocknen und zwischen Klarsichtfolie dünn ausklopfen. Beidseitig salzen und dünn mit Mehl bestäuben. Mit je einer Scheibe Parmaschinken und einem Salbeiblatt belegen.
2. Die Zwiebel und den Knoblauch schälen und hacken bzw. durch die Presse drücken. Die Butter in einer breiten Pfanne erhitzen, Zwiebeln und Knoblauch darin glasig werden lassen. Den Spinat gut ausdrücken, in die Pfanne geben und kurz mit den anderen Zutaten verrühren. Mit Salz und Pfeffer würzen, gleichmäßig auf den Fleischscheiben verteilen. Diese aufrollen und mit Küchengarn oder Holzspießchen verschließen.
3. Das Olivenöl in einem Bräter erhitzen, die Fleischröllchen mit der Naht nach unten hineinlegen und rundherum anbraten. Die Tomaten überbrühen, häuten und in kleine Würfel schneiden.
4. Die Tomatenwürfel dazugeben, dann mit dem Rotwein und der Brühe ablöschen. Zugedeckt im Ofen bei 150° C etwa 60 Minuten garen.
5. Die Fleischröllchen aus dem Bräter nehmen und zugedeckt warm stellen.
6. Den Bratenfond im Bräter mit der Bratensauce und der Crème fraîche verrühren. Aufkochen lassen und abschmecken. Zu den Kalbsröllchen servieren.
Besonders gut schmecken dazu Romanesco und kleine geröstete Kartoffeln.

Pro Portion etwa: 460 kcal, 12 g Kohlenhydrate,
34 g Eiweiß, 29 g Fett

Hähnchenbrustfilet auf indische Art

Zutaten für 4 Personen

4 große Hähnchenbrustfilets
(je etwa 150 g)
3 Äpfel (etwa 600 g)
Saft von 1 Zitrone
3 Bananen (etwa 600 g)
50 g Butter
1 feingewürfelte Zwiebel
1 EL Currypulver
1/2 l Hühnerbrühe
100 g Sahne
Jodsalz
schwarzer Pfeffer aus der Mühle
nach Belieben etwas heller
Saucenbinder

1. Die Hähnchenbrustfilets waschen und abtrocknen.
2. Die Äpfel schälen, mit einem Apfelausstecher vom Kerngehäuse befreien. 4 dicke Ringe abschneiden, Rest grob raspeln, alles mit Zitronensaft beträufeln.
3. Die Bananen schälen, eine Banane längs und quer in vier Stücke teilen, zwei Bananen in kleine Würfel schneiden. Ebenfalls mit Zitronensaft beträufeln.
4. 1 EL Butter aufschäumen lassen. Apfelringe und Bananenviertel hellbraun anbraten, beiseite stellen.
5. Restliche Butter in einer Pfanne erhitzen, Filets beidseitig anbraten. Zwiebel dazugeben, Farbe annehmen lassen, Apfelraspel und Bananenwürfel untermengen.
6. Currypulver über die Zwiebelmischung stäuben, die Brühe angießen. Zugedeckt 15 Minuten dünsten.
7. Filets herausnehmen, warm stellen. Zwiebelmischung pürieren, eventuell durch ein Sieb streichen. Sahne dazugießen, die Sauce aufkochen, mit Saucenbinder andicken, mit Salz und Pfeffer abschmecken.
8. Die Filets mit Currysauce übergießen, mit erneut erwärmten Apfelringen und Bananenvierteln garnieren. Dazu Pilaw-Reis und Bambussprossen reichen.

Pro Portion etwa: 590 kcal, 55 g Kohlenhydrate, 39 g Eiweiß, 23 g Fett

Asiatische Putenpfanne

Zutaten für 4 Personen

150 g Glasnudeln
30 g Ingwer
1–2 Frühlingszwiebeln (etwa 100 g)
2 Tomaten
400 g Putenbrustfilet
2 EL Distelöl
150 g Sojasprossen
100 ml Hühnerbrühe
1/2 TL Chilisauce
2 EL helle Sojasauce
1 EL dunkle Sojasauce

1. Die Glasnudeln mit kochendem Wasser überbrühen und etwa 5 Minuten ziehen lassen.
2. Den Ingwer schälen und in sehr feine Würfel schneiden. Die Frühlingszwiebeln waschen, putzen und in feine Ringe schneiden. Die Tomaten waschen, halbieren, Stielansätze und Kerngehäuse entfernen, dann die Tomaten in große Würfel schneiden.
3. Das Putenfleisch kalt abwaschen, abtrocknen und in Streifen schneiden. Das Öl in einer Pfanne oder einem Wok erhitzen, das Fleisch darin rundherum goldbraun anbraten. Den Ingwer, die Zwiebelringe und die Sojasprossen dazugeben und mit anbraten. Zuletzt die Tomatenwürfel kurz mit anbraten und mit der Hühnerbrühe ablöschen.
4. Die Glasnudeln abtropfen lassen, eventuell mit einer Schere kleinschneiden, dann ebenfalls in die Pfanne geben. Mit Chili- und Sojasauce abschmecken. Dazu paßt Basmatireis sehr gut.

Pro Portion etwa: 330 kcal, 34 g Kohlenhydrate, 30 g Eiweiß, 7 g Fett

Dieses Gericht ist reich an Vitamin B_6 und damit besonders hilfreich für den Eiweißstoffwechsel. Das Vitamin B_6 steckt geballt in den kleinen Sojasprossen. Da es durch Licht und Hitze zerstört wird, gilt: die Sojabohnen frisch einkaufen und verwenden, dunkel aufbewahren und nur ganz kurz garen.
Putenfleisch wird immer beliebter. Das zarte Filet ist besonders mager und leicht verdaulich, belastet also den Magen nicht unnötig.

Putenschnitzel mit Kräuter-Sabayon

Zutaten für 4 Personen

4 Putenschnitzel (etwa 600 g)
Jodsalz
weißer Pfeffer aus der Mühle
etwas Paprikapulver (edelsüß)
1 EL Öl
Für die Sauce:
5 Eigelb, Jodsalz
weißer Pfeffer aus der Mühle
1/4 l trockener Weißwein
etwa 50 g frisch gehackte Kräuter nach Geschmack (z. B. Kerbel, Kresse, Liebstöckel, Estragon, Basilikum, Borretsch, Portulak, Sauerampfer)

1. Die Putenschnitzel kalt abwaschen und abtrocknen, mit Salz, Pfeffer und Paprikapulver einreiben. Das Öl in einer Pfanne erhitzen, die Putenschnitzel darin bei mittlerer Hitze garen.
2. Gleichzeitig in einer Schüssel Eigelb mit Salz und Pfeffer verrühren. Über einem warmen Wasserbad unter ständigem Rühren dickschaumig aufschlagen, dabei nach und nach den Wein dazugießen. Die Kräuter unterrühren und die Sauce mit Salz und Pfeffer abschmecken, sofort mit den Putenschnitzeln zusammen servieren.
Dazu grüne Bandnudeln oder Naturreis reichen.

Pro Portion etwa: 390 kcal, 6 g Kohlenhydrate, 38 g Eiweiß, 18 g Fett

Die frischen Kräuter in der Sauce liefern eine Extraportion an Geschmack, aber auch an gesunden Vitaminen und Mineralstoffen. Wichtig ist dabei jedoch, daß Sie die Kräuter so frisch wie möglich verarbeiten. Wer keinen Garten hat, kann die Kräuter in kleinen Töpfen auf Balkon oder Fensterbank ziehen. Erst unmittelbar vor dem Kochen abschneiden, nur ganz kurz waschen, frisch gehackt unter die Sauce rühren.
Die Sauce paßt zu kurzgebratenem oder gegrilltem Fleisch ebenso wie zu Gemüse oder Fisch.

Züricher Geschnetzeltes

Zutaten für 4 Personen

600 g Kalbfleisch (Rücken oder Filet ohne Fett und Sehnen)
1 kleine Zwiebel
125 g Champignons
1 EL Distelöl
2 EL Butter
3 EL trockener Weißwein
100 ml Kalbsfond (aus dem Glas)
150 g Sahne
Jodsalz
weißer Pfeffer aus der Mühle
eventuell 1 EL dunkler Saucenbinder

1. Das Kalbfleisch kalt abwaschen, abtrocknen und in feine Scheiben schneiden. Die Zwiebel schälen und in feine Würfel schneiden. Die Champignons mit einem Pinsel säubern und in Scheiben schneiden.
2. In einer Pfanne das Öl erhitzen. Das Fleisch darin rundherum leicht bräunen, in eine Schüssel umfüllen und warm stellen.
3. Die Butter in die Pfanne geben und zerlassen, die Zwiebeln hellbraun anbraten. Die Champignons dazugeben und kurz mit anbraten, dann mit dem Wein und dem Fond ablöschen. Die Sahne unterrühren und die Sauce etwas einkochen lassen.
4. Die Sauce mit Salz und Pfeffer aus der Mühle abschmecken und nach Belieben mit etwas Saucenbinder andicken. Das Fleisch zurück in die Pfanne geben und wieder kurz erhitzen, alles sofort servieren. Dazu schmecken Rösti und gemischter Salat.

Pro Portion etwa: 320 kcal, 3 g Kohlenhydrate, 32 g Eiweiß, 19 g Fett

Reich an den Vitaminen B_2 und B_6 ist das Geschnetzelte, gut also für den Stoffwechsel und auch für die Nerven.
Wenn Sie das Fleisch zurück in die Pfanne gegeben haben, sollten Sie es nicht mehr kochen lassen, sonst wird es hart.

Schweinefilet mit Bambussprossen

Zutaten für 4 Personen

50 g Glasnudeln
400 g Schweinefilet
2 Schalotten
1 grüne Paprikaschote
200 g Bambussprossen (aus der Dose)
2 EL Sojaöl
50 ml Gemüsebrühe
2 EL Sojasauce
Jodsalz
schwarzer Pfeffer aus der Mühle
einige Tropfen Sesamöl

1. Die Glasnudeln in eine Schüssel geben und mit heißem Wasser übergießen, etwa 5 Minuten quellen lassen. Danach abtropfen lassen und nach Belieben kleinschneiden.
2. Das Schweinefilet in feine Streifen schneiden. Die Schalotten schälen und in kleine Würfel schneiden. Die Paprikaschote halbieren, putzen, waschen, dann in Streifen schneiden. Bambussprossen je nach Dicke halbieren oder vierteln und in feine Scheiben schneiden.
3. Das Öl in einer Pfanne oder in einem Wok stark erhitzen, das Fleisch darin unter ständigem Rühren kurz anbraten. Die Schalotten dazugeben und etwas Farbe annehmen lassen, dann die Paprikastreifen und die Bambusscheiben dazugeben und kurz mit anbraten.
4. Mit der Gemüsebrühe ablöschen, die Glasnudeln und die Sojasauce zugeben, mit Salz und Pfeffer abschmecken. Das Sesamöl darüberträufeln. In der Pfanne oder im Wok servieren.
Hierzu paßt Reis, besonders gut Duftreis.

Pro Portion etwa: 220 kcal, 12 g Kohlenhydrate, 25 g Eiweiß, 8 g Fett

Reich an Vitamin B_1 ist dieses Essen und schnell zubereitet. Von diesem Vitamin benötigt der Fußballspieler stets Extraportionen, da es für den Körper unerläßlich ist, wenn er aus Kohlenhydraten Energie gewinnen will. Da das Vitamin B_1 durch Hitze zerstört wird, ist das blitzschnelle Rührbraten besonders zu empfehlen.

Rinderfilet provençale mit Ratatouille

Zutaten für 4 Personen

800 g Rinderfilet (Mittelstück)
2 Knoblauchzehen, je 1 TL gehackte
Thymianblättchen, Rosmarinnadeln,
Oreganoblättchen, 2 EL Olivenöl
Jodsalz, Pfeffer, 1/8 l Rinderfond
50 ml Rotwein (trocken)
Für das Ratatouille:
1 Paprikaschote, 2 Zwiebeln
400 g Zucchini, 1 kleine Aubergine
3 Fleischtomaten, 1 Knoblauchzehe
3 EL Olivenöl, 40 g Tomatenmark
1 EL gehackte Petersilie
1 TL gehackte Basilikumblätter
1/2 TL Thymianblättchen
1/2 TL gehackte Rosmarinnadeln
1 Lorbeerblatt, Jodsalz, Pfeffer

1. Backofen auf 225° C vorheizen. Rinderfilet von Haut und Sehnen befreien. Knoblauch schälen, durchpressen, mit Thymian, Rosmarin und Oregano mischen. Fleisch mit Salz, Pfeffer und Kräutern einreiben.
2. Öl in einem Bräter erhitzen, Fleisch scharf anbraten. In den Ofen schieben, noch 10 bis 15 Minuten braten.
3. Das Gemüse waschen, putzen und kleinschneiden. Tomaten überbrühen, häuten, entkernen, in grobe Würfel schneiden. Knoblauch schälen und zerdrücken.
4. Öl erhitzen, geschälte, in Würfel geschnittene Zwiebeln und Knoblauch darin glasig werden lassen. Tomatenmark leicht anrösten, Gemüse und Kräuter dazugeben. Mit Salz und Pfeffer würzen, zugedeckt bei schwacher Hitze 20 Minuten garen.
5. Braten in Alufolie 10 bis 15 Minuten ruhen lassen.
6. Bräter erhitzen, Bratensatz mit Rinderfond und Rotwein ablöschen. Aufkochen lassen, gut abschmecken.
7. Braten in 1 bis 2 cm dicke Scheiben schneiden, mit Rotweinsauce und Ratatouille servieren.
Dazu kleine Pellkartoffeln oder Reis reichen.

Pro Portion etwa: 450 kcal, 13 g Kohlenhydrate, 48 g Eiweiß, 22 g Fett

Gemischte Filetspieße

Zutaten für 4 Personen

1 kleine, grüne Paprikaschote
1 große Zwiebel, 2 Salbeiblätter
4 Scheiben Bauchspeck (etwa 100 g)
200 g Kalbsfilet, 200 g Rinderlende
200 g Schweinefilet
2 EL Öl, Tabasco, Selleriesalz
schwarzer Pfeffer aus der Mühle
100 ml Rotwein
100 ml kräftiger Rinderfond

1. Paprikaschote halbieren, putzen und waschen, die Viertel quer durchschneiden. Die Zwiebel schälen und vierteln oder achteln. Den Salbei hacken, die Speckscheiben jeweils in drei gleich große Stücke schneiden.
2. Den Speck in einer Pfanne kurz anbraten. Paprika- und Zwiebelstücke sowie den Salbei dazugeben und alles zugedeckt bei schwacher Hitze leicht anbraten. Vom Herd nehmen.
3. Das Fleisch in gleich große Medaillons (à etwa 50 g) schneiden. Zusammen mit den Speck-, Paprika- und Zwiebelstücken auf Holz- oder Metallspieße reihen.
4. Das Öl in einer Pfanne erhitzen, die Spieße darin rundherum scharf anbraten, bei schwacher Hitze noch etwa 5 Minuten braten. Mit Tabasco, Salz und Pfeffer würzen, aus der Pfanne nehmen und warm stellen.
5. Den Rotwein in die Pfanne gießen und den Bratensatz unter Rühren lösen. Die Brühe dazugießen, alles aufkochen lassen, nach Belieben durch ein feines Sieb gießen und nochmals abschmecken. Mit den Filetspießen servieren.
Dazu passen Curryreis ebenso wie Pommes frites, Bratkartoffeln und jede Art von Gemüse.

Pro Portion etwa: 400 kcal, 4 g Kohlenhydrate, 33 g Eiweiß, 27 g Fett

Filet ist reich an dem seltenen Mineralstoff Zink, den jeder Fußballer benötigt, da er Wunden besser heilen läßt. Auch das für die Energiegewinnung aus Kohlenhydraten so wichtige Vitamin B_1 ist in diesen Spießen reichlich enthalten.
Die Filetspieße lassen sich sehr gut auf dem Grill zubereiten.

Rehrückenfilet mit Spitzmorcheln

Zutaten für 4 Personen

8 getrocknete Spitzmorcheln (80 g)
600 g Rehrückenfilet
100 g roher Schinken
2 Schalotten
2 EL Butter
1/4 l Wildfond (aus dem Glas)
100 ml Rotwein
1 Butterkugel (je 1 TL Butter und Mehl gut verknetet)
3–4 EL Sahne
Jodsalz, Pfeffer aus der Mühle

1. Die Morcheln waschen und in wenig kaltem Wasser einweichen. Das Rehrückenfilet und den Schinken in feine Streifen schneiden. Die Schalotten schälen und in feine Würfel schneiden. Die Morcheln putzen und ebenfalls in Streifen schneiden.
2. Die Butter in einer Pfanne erhitzen, Schalotten und Schinken hineingeben und kurz anbraten. Das Fleisch dazugeben und kurz mit anbraten, dann auch die Spitzmorcheln hineingeben.
3. Das Fleisch aus der Pfanne nehmen und zugedeckt warm halten.
4. Den Fond und den Wein in die Pfanne gießen und den Bratenfond unter Rühren lösen. Gut durchkochen lassen, die Butterkugel zugeben und mit Sahne verfeinern, mit Salz und Pfeffer abschmecken.
5. Das Fleisch wieder in die Pfanne geben, noch kurz erhitzen. Es darf aber nicht kochen, sonst wird es hart. Dazu passen Kartoffelpuffer oder Serviettenknödel sowie Bandnudeln und als Gemüse Rosenkohl oder Schwarzwurzeln.

Pro Portion etwa: 430 kcal, 4 g Kohlenhydrate, 53 g Eiweiß, 20 g Fett

Viel Eisen steckt in diesem Gericht. Somit sorgt es für die roten Blutkörperchen und dadurch für den Transport von Sauerstoff. Eisenmangel macht schlapp und müde! Wichtig: Damit der Körper das Eisen gut ausnutzen kann, als Beilage viel Gemüse (reich an Vitamin C) dazu reichen.
Wenn Sie keine Spitzmorcheln bekommen, verwenden Sie frische Champignons oder Steinpilze.

Rehmedaillons mit Wacholderrahm

Zutaten für 4 Personen

Für den Wacholderrahm:
1–2 Schalotten, 20 g magerer Speck
1 EL Wacholderbeeren, 1 EL Butter
150 ml trockener Rotwein
400 ml Wildfond
1 TL abgeriebene Orangenschale
1 Butterkugel (je 1 TL Butter und Mehl verknetet), 2 TL Aquavit
2 EL Schmand, Jodsalz, Pfeffer
Für die Rehmedaillons:
8 Rehmedaillons (je etwa 80 g)
Jodsalz, Pfeffer, 1 EL Mehl
60 g Butter, 1–2 Schalotten
200 g Pfifferlinge, 2 EL Portwein
4 EL eingelegte Preiselbeeren

1. Für den Wacholderrahm Schalotten schälen und wie den Speck in feine Würfel schneiden. Die Wacholderbeeren im Mörser fein zerdrücken.
2. Die Butter erhitzen, Speck und Schalotten leicht anbraten. Mit Rotwein ablöschen, Wacholderbeeren, Fond und Orangenschale dazugeben. Alles etwa 5 Minuten kräftig kochen lassen.
3. Sauce durch ein feines Sieb gießen, Butterkugel zugeben, aufkochen, dann mit Aquavit und Schmand verfeinern und mit Salz und Pfeffer abschmecken.
4. Gleichzeitig das Fleisch kalt abwaschen, abtrocknen, mit Salz und Pfeffer würzen und mehlieren. Die Schalotten schälen und in kleine Würfel schneiden, die Pfifferlinge waschen, abtropfen lassen und verlesen.
5. Butter erhitzen, die Medaillons darin 2 bis 3 Minuten rundherum braten. Die Medaillons dann aus der Pfanne nehmen und zugedeckt warm stellen.
6. Schalotten und Pfifferlinge in dem Bratfett unter Rühren braten. Mit Salz, Pfeffer und Portwein würzen.
7. Die Medaillons mit Pfifferlingen und Wacholderrahmsauce anrichten, mit Preiselbeeren garnieren. Dazu handgeschabte Spätzle reichen.

Pro Portion etwa: 600 kcal, 14 g Kohlenhydrate, 53 g Eiweiß, 35 g Fett

Filetsteaks mit grünem Pfeffer

Zutaten für 4 Personen

4 Rinderfiletsteaks (je etwa 180 g)
schwarzer Pfeffer aus der Mühle
1 EL Öl zum Braten
2 EL Cognac
1 EL Butter
2 EL eingelegte, grüne Pfefferkörner
100 ml Rinderfond
eventuell 1 EL dunkler Saucenbinder
2 EL Crème fraîche
Jodsalz

1. Die Filetsteaks auf beiden Seiten pfeffern. Das Öl in einer Pfanne stark erhitzen, die Steaks auf jeder Seite 2 bis 3 Minuten anbraten. Den Cognac darübergießen, erwärmen und anzünden. Anschließend die Steaks aus der Pfanne nehmen, in Alufolie wickeln und ruhen lassen.
2. Inzwischen für die Sauce die Butter und den grünen Pfeffer in die Pfanne geben. Mit dem Rinderfond ablöschen, Saucenbinder zugeben, alles kurz aufkochen.
3. Die Crème fraîche darunterrühren und die Sauce mit Salz und Pfeffer abschmecken. Die Filetsteaks anrichten und die Pfeffersauce darübergeben.
Besonders gut schmecken hierzu in etwas Butter geschwenkte Kartoffeln oder Rösti.

Pro Portion etwa: 410 kcal, 1 g Kohlenhydrate, 40 g Eiweiß, 27 g Fett

Reich an Zink (gut für die Wundheilung) und Eisen (wichtig für den Sauerstofftransport und damit die Kondition) sind die Steaks. Allerdings können sie, bedingt durch das scharfe Anbraten, recht schwer im Magen liegen und sollten daher keinesfalls vor einem Spiel oder Training auf den Tisch kommen.

Lammfilet-Lauch-Pfanne

Zutaten für 4 Personen

2 Lammrückenfilets (300 g)
2 Knoblauchzehen
1 Rosmarin- und Thymianzweig
2 EL Olivenöl
Jodsalz, Pfeffer aus der Mühle
3 Lauchstangen (etwa 600 g)
1 Zwiebel
30 g Butter
150 ml Fleischbrühe
1 EL Sojasauce

1. Die Lammfilets von Sehnen befreien und in feine Scheiben schneiden. Den Knoblauch schälen und zerdrücken, die Kräuter waschen, trockenschütteln und hacken. Zusammen mit 1 EL Öl, Salz und Pfeffer zum Lammfleisch geben, alles gründlich vermengen und das Fleisch 60 Minuten marinieren.
2. Den Lauch putzen, der Länge nach halbieren, gut waschen und abtropfen lassen. In 2 cm breite Stücke schneiden. Die Zwiebel schälen und in kleine Würfel schneiden.
3. In einem Topf die Butter zerlassen, die Zwiebelwürfel darin glasig werden lassen. Lauch dazugeben und kurz andünsten, mit Salz und Pfeffer würzen. Mit der Fleischbrühe ablöschen, zugedeckt bißfest dünsten.
4. In einer Pfanne oder einem Wok 1 EL Öl stark erhitzen. Das Lammfleisch darin unter Rühren scharf anbraten. Den Lauch dazugeben und alles vermischen, mit Sojasauce abschmecken und sofort servieren.
Besonders gut paßt ein Kartoffelgratin dazu.

Pro Portion etwa: 290 kcal, 5 g Kohlenhydrate, 17 g Eiweiß, 22 g Fett

In den weiß-grünen Lauchstangen verbergen sich eine Menge gesunder Stoffe, die unter anderem gegen Kraftlosigkeit und Muskelschmerzen, Antriebslosigkeit und Konzentrationsschwäche helfen. Natürlich ist Lauch kein Wundermittel, doch er gehört zu einer gesunden Fußballerernährung.
Bitte kein kaltgepreßtes, sondern einfaches Olivenöl verwenden. Es wird beim Braten der Lammfilets großer Hitze ausgesetzt, die es nicht verträgt. Wenn Sie kein einfaches Olivenöl zur Hand haben, greifen Sie auf gewöhnliches Pflanzenöl, etwa Sojaöl, zurück.

Junges Kaninchen mit Bandnudeln

Zutaten für 4–6 Personen

1 Hauskaninchen
(etwa 1,2 kg; bratfertig)
1 Zwiebel, 2 Möhren
120 g Knollensellerie, 1 Lauchstange
2 EL Öl, Jodsalz, Pfeffer
2 EL Tomatenmark
100 ml Rotwein, 3/4 l Fleischbrühe
1 Lorbeerblatt, 1 Thymianzweig
2 EL Crème fraîche
eventuell 1 EL dunkler Saucenbinder
400 g Bandnudeln, 20 g Butter
1 EL gehackte Petersilie

1. Kaninchen waschen, abtrocknen, in Portionsstücke teilen. Keulen und Vorderläufe vom Körper trennen, die Keulen am Gelenk in 2 Teile schneiden. Den Rücken in 3 bis 4 Stücke schneiden oder hacken.
2. Das Gemüse waschen, putzen, in Würfel schneiden.
3. Den Backofen auf 180°C vorheizen. Öl in einem Bräter erhitzen, die Kaninchenteile rundherum anbraten. Salzen und pfeffern und aus dem Bräter nehmen.
4. Das Gemüse im Bräter anrösten, das Tomatenmark leicht mit anrösten. Mit dem Rotwein ablöschen. Etwas Brühe angießen, wieder verkochen lassen. Vorgang zwei bis dreimal für eine würzige Sauce wiederholen.
5. Restliche Brühe angießen. Die Kaninchenteile sowie Lorbeer und Thymian in die Sauce geben. Alles zugedeckt im Ofen 30 bis 40 Minuten schmoren, dabei die Kaninchenteile ab und zu wenden.
6. Reichlich Salzwasser zum Kochen bringen. Die Nudeln hineingeben, etwa 8 Minuten bißfest garen.
7. Kaninchenteile aus dem Bräter heben, zugedeckt warm stellen. Lorbeer und Thymian entfernen. Das Gemüse im Bräter mit einem Pürierstab zerkleinern. Crème fraîche unterrühren, Sauce mit Salz und Pfeffer abschmecken, nach Belieben mit Saucenbinder andicken. Kaninchenteile in die Sauce legen.
8. Abgetropfte Nudeln mit Butter vermengen, mit dem Kaninchen anrichten und mit Petersilie bestreuen.
Dazu am besten buntes Mischgemüse reichen.

Bei 6 Personen pro Portion etwa: 820 kcal, 51 g Kohlenhydrate, 64 g Eiweiß, 39 g Fett

Flugentenbrust mit Preiselbeerkraut

Zutaten für 4 Personen

Für das Preiselbeerkraut:
1 Zwiebel
1 Apfel
2 EL Griebenschmalz
1/2 l Fleischbrühe
550 g Sauerkraut aus der Dose
1 TL Zucker
1 TL Jodsalz
1 mittelgroße Kartoffel
4 EL Wildpreiselbeeren aus dem Glas
(in Saft eingelegte Beeren; kein Gelee)
Für die Entenbrust:
4 Flugentenbrustfilets (je etwa 180 g)
1 TL Jodsalz
1 TL Zimtpulver
Schale und Saft
von 1 unbehandelten Orange

1. Zwiebel schälen, in kleine Würfel schneiden. Apfel schälen und bis auf das Kerngehäuse grob raspeln.
2. Schmalz in einem Topf zerlassen, die Zwiebelwürfel und Apfelraspel andämpfen, mit der Brühe ablöschen, Sauerkraut dazugeben, mit Zucker und Salz würzen, zugedeckt bei schwacher Hitze 15 Minuten leicht kochen lassen. Das Sauerkraut sollte noch Biß haben.
3. Entenbrustfilets auf der Fettseite drei bis viermal einschneiden, rundherum salzen, mit Zimt bestäuben.
4. Entenbrustfilets mit der Fettseite nach unten in eine erhitzte Pfanne legen, bei mittlerer Hitze etwa 5 Minuten braten, dann wenden, noch 3 bis 5 Minuten braten. Herausnehmen, zugedeckt etwas ruhen lassen.
5. Etwas Bratfett abschöpfen, Orangenschale hineingeben, mit Orangensaft ablöschen und gut verrühren.
6. Kartoffel schälen, waschen, fein reiben, unter das Kraut mischen. Aufkochen lassen, zur Seite stellen. Vor dem Servieren Preiselbeeren vorsichtig unterheben.
7. Entenbrustfilets schräg in Scheiben aufschneiden, Orangensauce und Preiselbeerkraut dazugeben.
Dazu Kartoffelpüree reichen.

Pro Portion etwa: 470 kcal, 19 g Kohlenhydrate, 46 g Eiweiß, 22 g Fett

Desserts

Desserts – das süße Finale

Was ist wohl der kulinarische Höhepunkt des Tages, während eines großen Turniers, im Trainingslager oder wenn ein Länderspiel erst abends angepfiffen wird? Die nachmittägliche Kaffeetafel. Kuchen und mittags jede Art von Dessert – darauf fahren fast alle Nationalspieler mächtig ab.

Früchte – eine geballte Ladung Natur

Sorbets oder Soufflés, Tiramisu, Mousse au chocolat oder eine zarte Creme – schon die Worte und der Gedanke daran zergehen auf der Zunge. Selbst schuld, wer auf das Dessert als krönenden Abschluß eines Menüs verzichtet. Stimmt, manche Desserts – gehaltvolle Mehlspeisen, üppige Puddings, süß eingemachtes Obst – sind wahre Kalorienbomben. Immerhin: Sie versüßen das Leben und verbessern das Wohlgefühl, entspannen und befriedigen.

Wer nicht nur genießen will, sondern auch an seine Fitneß denkt, sollte sein süßes Verlangen vor allem durch frische Früchte stillen. Ein aromatisches Gaumenfest, garantiert ohne Reue: Erdbeeren, Himbeeren, Kiwis – die löffelt man so weg. Früchte, als Salat, zum Kompott, zur Creme verarbeitet, sind immer ein kalorienarmes Vergnügen, besser als jede Vitaminpille. Früchte gehören so ziemlich zum Gesündesten, was uns die Natur zu bieten hat: eine geballte Ladung wertvoller Stoffe.

Die Kohlenhydrate sind überwiegend einfacher Struktur. Sie schießen schnell ins Blut und sorgen für einen raschen Energieschub, beugen beim Dessert den Ermüdungserscheinungen nach einem langen Mahl vor. Ballaststoffe erleichtern die Verdauung, und das daran gekoppelte Pektin schützt Herz und Darm.

Vor allem jedoch sind Früchte ausgezeichnete Lieferanten von Vitaminen und Mineralstoffen. Wie überall gilt auch hier: Roh und möglichst frisch gegessen, ist der Gehalt an diesen Powerstoffen am allergrößten. An der Spitze bei den Inhaltsstoffen steht Vitamin C, aber auch B-Vitamine, Karotin, Kalium, Magnesium, Phosphor, Eisen und andere Vitamine und Mineralien sind reichlich zu finden. Außerdem enthalten sie Bioflavone (sekundäre Pflanzenstoffe), die eine bislang nur unzureichend erforschte Wirkkraft besitzen. Man stellt sie in Zusammenhang mit Infarkt-, Schlaganfall- und Krebsprophylaxe.

Einkaufstips für saftige Früchtchen

Obst aller Art steht bei den Desserts der Fußballnationalmannschaft im Mittelpunkt – versorgt es die Spieler doch mit einer geballten Ladung wertvoller Stoffe. Das gilt jedoch nicht immer für alle Früchte gleichermaßen – Äpfel, Birnen & Co. wollen sorgsam behandelt sein.

- Stets die Früchte bevorzugen, die gerade bei uns Saison haben und deshalb reichlich auf dem Markt vorhanden sind. Vorteil: Kurze Wege vom Feld oder Baum bis zu Ihnen garantieren einen hohen Gehalt an wertvollen Stoffen und einen niedrigen Preis.
- Vor dem Einkauf überlegen, wann Sie die Früchte verwenden wollen. Früchte wie Orangen oder Bananen, die die Natur verpackt hat, lassen sich einige Zeit gut aufbewahren. Empfindliches hingegen, beispielsweise Erdbeeren oder Himbeeren, sollten Sie so frisch wie irgend möglich genießen. Sonst entschwinden wertvolle Vitamine in die Luft, zudem leiden Geschmack und Konsistenz.
- Nur voll ausgereifte Früchte strotzen vor Gesundheit und Geschmack. Schnuppern Sie beim Einkauf daran – sie sollten aromatisch und sortentypisch duften.
- Eine gute Alternative zu frischen Früchten ist Obst aus der Tiefkühltruhe. Ob Himbeeren, Brombeeren oder eine bunte Beerenmischung: Das Obst wird direkt nach der Ernte – sozusagen pflückfrisch – auf Eis gelegt und hat deshalb den größten Teil der gesunden Inhaltsstoffe konserviert. Weiterer Vorteil: Sie haben die Früchte jederzeit zur Hand, um daraus rasch eine kleine süße Vitaminbombe zu zaubern.

Fredi Bobic

Obst: Wieviel Vitamine und Mineralstoffe drinstecken*

	Vitamin C	Vitamin E	Vitamin B_1	Vitamin B_6	Kalium	Magnesium	Calcium	Eisen
Ananas	19	0,10	0,08	0,08	173	17	16	0,40
Apfel	12	0,49	0,03	0,05	144	6	7	0,48
Aprikose	9,40	0,50	0,04	0,07	280	10	17	0,65
Brombeere	17	0,72	0,03	0,05	190	30	45	0,90
Erdbeere	64	0,12	0,03	0,06	145	15	25	0,96
Feige	2,74	0,50	0,05	0,11	240	20	54	0,60
Himbeere	25	0,91	0,03	0,08	170	30	40	1
Honigmelone	32	0,10	0,04	0,09	309	11	14	0,50
Kirsche, süß	15	0,13	0,03	0,05	210	11	17	0,40
Kiwi	71	0,50	0,02	0,02	295	24	38	0,80
Mango	38,70	1	0,05	0,13	190	18	12	0,40
Pfirsich	9,50	0,96	0,03	0,03	176	9	7	0,48
Pflaume	5,40	0,86	0,07	0,05	220	10	14	0,44
Wassermelone	6	0,07	0,05	0,07	158	3	11	0,40

*in mg/100g frisches Obst

Crêpes mit Sauerkirschen und Vanilleeis

Zutaten für 4 Personen

Für die Crêpes:
65 g Mehl
160 ml Milch
1 EL Zucker
2 EL Sahne
1 Ei
1 Eigelb
2 EL Butter
Außerdem:
1 Glas entsteinte Sauerkirschen (etwa 700 g Inhalt)
1 EL Speisestärke
60 g Puderzucker
4 Kugeln Vanilleeis

1. Aus Mehl, Milch, Zucker, Sahne und Eiern einen glatten Pfannkuchenteig anrühren.
2. Nach und nach in einer kleinen, nur leicht ausgebutterten Pfanne (Ø 15 cm) 8 dünne, hellbraune Crêpes aus dem Teig backen. Fertige Crêpes auf einem Teller stapeln und zugedeckt warm halten.
3. Gleichzeitig die Kirschen in einem Sieb abtropfen lassen, den Saft im Topf darunter auffangen. Etwas Saft in eine Tasse umfüllen und darin die Speisestärke auflösen. Den restlichen Saft zum Kochen bringen, die angerührte Stärke einrühren. Kurz kochen lassen, anschließend die Kirschen untermischen.
4. Die Crêpes mit den Sauerkirschen füllen, halb einschlagen und mit Puderzucker bestreuen. Dazu jeweils eine Kugel Vanilleeis servieren.

Pro Portion etwa: 450 kcal, 71 g Kohlenhydrate, 7 g Eiweiß, 13 g Fett

Reichlich Kohlenhydrate sind in diesem Dessert enthalten. Allerdings handelt es sich überwiegend um die kurzkettigen Kohlenhydrate, die zwar schnell ins Blut gehen, aber auch schnell wieder verbraucht sind. Nach Wunsch die Kirschen mit etwas Kirschwasser abschmecken.

Crêpes mit Preiselbeerquark

Zutaten für 4 Personen

Für die Crêpes:
65 g Mehl
160 ml Milch
1 EL Zucker
2 EL Sahne
1 Ei
1 Eigelb
2 EL Butter
Außerdem:
200 g Quark
50 g Crème fraîche
1–2 Päckchen Vanillezucker
80 g Preiselbeeren aus dem Glas (ohne Saft)
1 EL Puderzucker

1. Den Backofen auf 175 °C vorheizen. Aus Mehl, Milch, Zucker, Sahne und Eiern einen glatten Pfannkuchenteig anrühren.
2. Nach und nach in einer kleinen, nur leicht ausgebutterten Pfanne (Ø 15 cm) 8 dünne, hellbraune Crêpes aus dem Teig backen. Fertige Crêpes auf einem Teller stapeln und zugedeckt warm halten.
3. Gleichzeitig den Quark mit der Crème fraîche und dem Vanillezucker verrühren, die Preiselbeeren nur leicht unterziehen.
4. Die Crêpes dick mit dem Quark bestreichen und halb zusammenklappen, in eine feuerfeste Form legen. Im Ofen etwa 15 Minuten backen, mit Puderzucker bestäuben und servieren.

Pro Portion etwa: 380 kcal, 37 g Kohlenhydrate, 12 g Eiweiß, 20 g Fett

Quark liefert viel Phosphor und Calcium, zwei Stoffe, die der Körper zum Aufbau und zur Stabilisierung der Knochen benötigt. Gerade Kinder und Jugendliche, die sich im Wachstum befinden, benötigen davon Extraportionen!

Kleine Crêpes mit Nutella

Zutaten für 4 Personen

65 g Mehl
160 ml Milch
1 EL Zucker
2 EL Sahne
1 Ei
1 Eigelb
2 EL Butter
80 g Nutella
1–2 EL Puderzucker

1. Aus Mehl, Milch, Zucker, Sahne und Eiern einen glatten Pfannkuchenteig anrühren.

2. Nach und nach in einer kleinen, nur leicht ausgebutterten Pfanne (Ø 15 cm) 8 dünne, hellbraune Crêpes aus dem Teig backen. Fertige Crêpes auf einem Teller stapeln und zugedeckt warm halten.

3. Nutella streichfähig machen, mit einem Messer dünn auf die Crêpes streichen und zusammenfalten.

4. Jeweils 2 Crêpes auf einem Teller anrichten, dünn mit Puderzucker bestäuben.

Dazu nach Belieben Vanilleeis, Kompott, Früchte oder Vanillesauce servieren.

Pro Portion etwa: 320 kcal, 39 g Kohlenhydrate, 8 g Eiweiß, 15 g Fett

Pflanzliche Fette sind für den Aufbau von Nerven und Gehirnzellen unentbehrlich, denn sie enthalten die lebensnotwendige Linol- bzw- Linolensäure, die unser Körper nicht selbst produzieren kann. Nüsse sind reich an diesen wertvollen Fettsäuren. Unerwünscht hingegen sind die Transfettsäuren, die sich ungünstig auf den Fettstoffwechsel auswirken können. Sie entstehen bei künstlicher, billiger Härtung von Pflanzenölen und stecken in den meisten Nuß-Nougat-Cremes, nicht jedoch in Nutella.

Vanillewaffeln mit Beeren und Walnußeis

Zutaten für 4 Personen

60 g Mehl
120 ml Milch
3 EL Sahne
3 Eier (getrennt)
1 Päckchen Vanillezucker
1 EL Zucker
1 EL Butter
100 g Erdbeeren
100 g Heidelbeeren
100 g Himbeeren
Saft von 1/2 Zitrone
1 EL Puderzucker
4 Kugeln Walnußeis
Minzeblätter zum Garnieren

1. In einer Schüssel das Mehl mit Milch, Sahne, Eigelb und Vanillezucker glattrühren.
2. Eiweiß zu steifem Schnee schlagen, dabei ½ EL Zucker einrieseln lassen. Den Eischnee vorsichtig unter den Teig heben.
3. Das Waffeleisen aufheizen und mit der Butter einfetten. Aus dem Teig goldgelbe Waffeln backen.
4. Inzwischen die Beeren waschen, verlesen und putzen, Erdbeeren halbieren oder vierteln. Die Beeren mit Zitronensaft und ½ EL Zucker vermischen.
5. Die Waffeln mit Puderzucker bestäuben und zusammen mit den Beeren und dem Eis auf Tellern anrichten, mit Minze garniert sofort servieren.

Pro Portion etwa: 370 kcal, 46 g Kohlenhydrate, 11 g Eiweiß, 15 g Fett

Die Beeren liefern viel Vitamin C, allerdings nur, wenn sie ganz frisch sind. Zusätzlich versorgen sie, ebenso wie das Mehl für die Waffeln, den Fußballspieler mit wichtigen Kohlenhydraten.

Milchreis mit Mango

Zutaten für 4 Personen

100 g Langkornreis
1/2 Vanilleschote
350 ml Milch
2 Blatt weiße Gelatine
1–2 Mango
(etwa 250 g Fruchtfleisch)
2 EL Honig
1 Prise Salz
100 g Sahne

1. Den Reis gut waschen und abtropfen lassen. Die Vanilleschote längs aufschlitzen, das Mark herauskratzen.
2. Reis und Vanillemark zusammen mit der Milch in einen Topf geben und zum Kochen bringen. Bei schwacher Hitze unter gelegentlichem Rühren etwa 45 Minuten quellen lassen.
3. Die Gelatine in reichlich kaltem Wasser einweichen. Die Mango schälen, das Fleisch vom Stein schneiden und in kleine Würfel schneiden.
4. Die Gelatine ausdrücken und im heißen Milchreis auflösen. Mangowürfel, Honig und das Salz dazugeben und leicht unterrühren. Erkalten lassen, dann die Sahne steif schlagen und vorsichtig unterheben.
Dazu können Sie jede Frucht- oder Schokoladensauce servieren.

Pro Portion etwa: 210 kcal, 28 g Kohlenhydrate, 5 g Eiweiß, 9 g Fett

Eine Extraportion Fitneß und Durchhaltevermögen erhält der Fußballer, der Naturreis für dieses Dessert verwendet.
In Mangos stecken reichlich Vitamin C und besonders viel Provitamin A, das für die Augen unentbehrlich ist. Gerade in der dunklen Jahreszeit also eine gute Frucht.

Obstsalat in der Melone

Zutaten für 4 Personen

2 Kantalup-Melonen
250 g Erdbeeren
4 Kiwis
2 Bananen
1–2 EL flüssiger Waldhonig
Saft von 1/2 Zitrone
8 Minzeblätter

1. Die Melonen halbieren und entkernen, das Fruchtfleisch mit einem Kugelausstecher auslösen.
2. Die Erdbeeren waschen, gut abtropfen lassen, putzen und in Viertel schneiden. Die Kiwis schälen, vierteln und in Scheiben schneiden. Die Bananen schälen und in dünne Scheiben schneiden.
3. In einer Schüssel den Honig mit dem Zitronensaft verquirlen, die Früchte sofort vorsichtig untermischen.
4. Die Minzeblätter waschen und trockenschütteln. Die Hälfte der Minzeblätter in feine Streifen schneiden und mit dem Obstsalat mischen. Den Salat in die ausgehöhlten Melonenschalen füllen und mit den restlichen Minzeblättern garnieren.

Pro Portion etwa: 160 kcal, 34 g Kohlenhydrate, 2 g Eiweiß, 1 g Fett

Früchte sind für den Sportler sehr wertvoll, liefern sie doch eine Fülle an Vitaminen und Mineralstoffen, aber nur wenig Kalorien. Besonders reich sind sie an Vitamin C, allerdings nur, wenn sie nach dem Aufschneiden nicht lange an der Luft herumliegen. Deshalb gilt: den Obstsalat erst kurz vor dem Servieren zubereiten.

Walnuß-Halbgefrorenes mit Schokoladensauce

Zutaten für 8 Personen

60 g Walnußkerne
130 g Zucker
1 Blatt weiße Gelatine
4 Eigelb
1/4 Vanilleschote
500 g Sahne
Für die Schokoladensauce:
100 g dunkle Kuvertüre
5 EL Wasser
50 g Zucker
100 g Sahne

1. Die Walnußkerne grob hacken. 1 bis 2 EL Zucker in einer Pfanne schmelzen lassen, die Nüsse dazugeben und leicht karamelisieren lassen.
2. Die Nüsse auf Alufolie geben und erkalten lassen.
3. Gelatine in kaltem Wasser einweichen. Die Vanilleschote längs aufschlitzen, das Mark herauskratzen.
4. In einer Schüssel die Eigelb und das Vanillemark mit dem restlichen Zucker verrühren. Im heißen Wasserbad schaumig aufschlagen.
5. Die Gelatine aus dem Wasser nehmen, gut ausdrücken, im warmen Eischaum auflösen und verrühren. Aus dem Wasserbad nehmen und kalt rühren.
6. Die Sahne steif schlagen und zusammen mit den Nüssen locker unter die Eiercreme heben. In eine kältebeständige Form umfüllen, mit Folie abdecken und einfrieren.
7. Inzwischen für die Schokoladensauce die Kuvertüre hacken. In einem Topf das Wasser mit dem Zucker aufkochen lassen, vom Herd nehmen. Die Kuvertüre darin schmelzen lassen, dann die Sahne unterrühren.
8. Das Eis in Portionen teilen und zusammen mit der Schokoladensauce auf Tellern anrichten.

Pro Portion etwa: 450 kcal, 31 g Kohlenhydrate, 6 g Eiweiß, 35 g Fett

Ist ein großes Menü geplant? Hier ist das passende Dessert. Es läßt sich auch für eine größere Gästezahl bestens vor- und zubereiten.

Früchte in Erdbeermark

Zutaten für 4 Personen

2 große Pfirsiche
2 Kiwis
1 Mango
200 g Erdbeeren
1–2 EL Puderzucker
1 TL Zitronensaft
20 g gehackte Pistazien
frische Minzeblättchen

1. Die Pfirsiche kurz in kochendes Wasser, dann sofort in kaltes Wasser tauchen. Herausheben und die Haut abziehen. Die Früchte halbieren, entsteinen und die Hälften in dünne Scheiben schneiden.
2. Die Kiwis schälen und in dünne Scheiben schneiden. Die Mango schälen (am besten mit einem Kartoffelschäler) und von außen zum Stein hin in dünne Scheiben schneiden.
3. Die Erdbeeren waschen und die grünen Stiele herauszupfen. 8 schöne, große Früchte halbieren. Die restlichen Erdbeeren durch ein Haarsieb streichen, das Mark mit Puderzucker und Zitronensaft abschmecken.
4. Das Erdbeermark als Spiegel auf Teller geben, das geschnittene Obst fächerförmig darauf arrangieren. Die gehackten Pistazien auf das Obst streuen und alles mit den Minzeblättchen garnieren.

Pro Portion etwa: 170 kcal, 31 g Kohlenhydrate, 3 g Eiweiß, 3 g Fett

Frische Früchte – der Hit unter den Fußballer-Desserts. Sie liefern nicht nur reichlich Vitamin C (allen voran die Kiwi), sondern stecken voll mit anderen gesunden Stoffen. Bei Mangos ist es beispielsweise Provitamin A, bei Erdbeeren Kalium, Phosphor und Eisen. Und Pfirsiche sind reich an herzschützendem Beta-Carotin.

Beerenteller mit Zabaione

Zutaten für 4 Personen

100 g Erdbeeren
100 g Kapstachelbeeren (Physalis)
100 g Himbeeren
100 g Heidelbeeren (Blaubeeren)
Für die Zabaione:
5 Eigelb
120 g Zucker
100 ml Marsala
Zum Servieren:
Puderzucker
Kakaopulver
Minzeblätter

1. Die Früchte vorsichtig waschen, dann gut abtropfen lassen oder abtrocknen. Putzen und verlesen, Erdbeeren und Kapstachelbeeren halbieren.
2. Für die Zabaione Eigelb mit dem Zucker in einem heißen Wasserbad mit einem Schneebesen oder dem elektrischen Handrührgerät schaumig rühren, dabei nach und nach den Marsala dazugießen. Die Masse sollte schön cremig werden. Möglichst nicht wärmer als 45° bis 50° C werden lassen.
3. 4 Teller mit Puderzucker und Kakaopulver bestäuben, die Beeren im Halbkreis darauf anordnen. Die Zabaione jeweils auf die freie Stelle des Tellers geben und alles mit Minzeblättchen garniert sofort servieren.

Pro Portion etwa: **290 kcal, 40 g Kohlenhydrate, 6 g Eiweiß, 10 g Fett**

Frische Beeren sind wunderbare und noch dazu wohlschmeckende Lieferanten für viele Vitamine und Mineralstoffe. Außerhalb der Saison möglichst auf tiefgefrorene einheimische Beeren zurückgreifen, nicht auf Beeren, die nach einem langen Transport ihre gesunden Inhaltsstoffe eingebüßt haben.

Weincreme mit Feigen

Zutaten für 6 Personen

5 Blatt weiße Gelatine
400 g Sahne
200 ml trockener Weißwein
130 g Zucker
1 EL Zitronensaft
4 Eigelb
4 frische Feigen

1. Die Gelatine nach der Packungsbeschreibung in kaltem Wasser einweichen. Die Sahne steif schlagen und kalt stellen.
2. Den Wein und den Zucker in eine Wasserbadschüssel geben. Über einem warmen Wasserbad leicht erwärmen, die Gelatine gut ausdrücken und darin auflösen. Zitronensaft und die Eigelb dazugeben und alles mit einem Schneebesen oder den Quirlen des Handrührgeräts aufschlagen, bis es abgebunden hat.
3. Die Creme vom Wasserbad nehmen und wieder kaltschlagen, danach die kalt gestellte geschlagene Sahne darunterziehen. In schöne Gläser füllen, mit in Scheiben geschnittenen Feigen garnieren.

Pro Portion etwa: **370 kcal, 26 g Kohlenhydrate, 5 g Eiweiß, 25 g Fett**

Ein üppiges Dessert, das für ein festliches Menü genau richtig ist. Die enthaltenen Kohlenhydrate gehen schnell ins Blut und können für eine kurzfristige Energiespritze sorgen. Ansonsten steckt viel Fett in der Creme – nichts für jeden Tag.

Karamelcreme

Zutaten für 4 Personen

250 g Zucker
5 Eier
1 Eigelb
1/2 Vanilleschote
1/2 l Milch

1. 150 g Zucker in einen kleinen Topf geben und zu braunem Karamel kochen. Mit etwa 100 ml heißem Wasser ablöschen und gut verrühren, dann ungefähr 1 cm hoch in 4 kleine Förmchen oder in 1 größere Form gießen.
2. Den restlichen Zucker mit den Eiern und dem Eigelb gründlich verrühren.
3. Die Vanilleschote längs aufschlitzen und das weiche Mark herauskratzen. Vanillemark und Vanilleschote zusammen mit der Milch aufkochen lassen, die Schote entfernen.
4. Die heiße Milch nach und nach gründlich unter die Eiercreme rühren. Alles anschließend durch ein Sieb passieren und in die vorbereiteten Förmchen gießen.
5. Eine breite Auflauf- oder Backform mit geradem Boden mit Zeitungspapier dick belegen, die Förmchen darauf stellen. Heißes Wasser angießen, bis es knapp unter den Rand der Förmchen reicht, dann die Form in den Ofen stellen. Bei 90° bis 95° C ungefähr 30 bis 40 Minuten garen. Das Wasserbad darf nicht kochen.
6. Vorsichtig eine Garprobe mit einem Finger machen – die Eiermilch sollte in der Mitte fest sein.
7. Die Creme in den Förmchen erkalten lassen (am besten über Nacht), dann mit dem Messer vom Rand der Förmchen lösen und so auf Teller stürzen, daß die Karamelsauce über die Creme läuft.

Pro Portion etwa: 450 kcal, 69 g Kohlenhydrate, 15 g Eiweiß, 12 g Fett

In diesem südländischen Klassiker stecken Kohlenhydrate, Eiweiß und Fett in einem für den Fußballer empfehlenswerten Verhältnis. Ein weiteres Plus: Milch und Eier liefern viele wertvolle Inhaltsstoffe.

Mousse au chocolat

Zutaten für 4 Personen

3 Blatt weiße Gelatine
125 g dunkle Kuvertüre
300 g Sahne
2 EL Cognac
1 TL löslicher Kaffee
3 Eigelb
50 g Puderzucker
2 Päckchen Vanillezucker
3 Eiweiß

1. Die Gelatine in kaltem Wasser einweichen. Die Kuvertüre hacken und zusammen mit 5 EL Sahne in eine Schüssel geben. Im heißen Wasserbad die Kuvertüre schmelzen lassen, die ausgedrückte Gelatine darin auflösen, den Cognac und den Kaffee unterrühren.
2. In einer Schüssel die Eigelb mit dem Puderzucker und dem Vanillezucker verrühren und im heißen Wasserbad cremig aufschlagen.
3. Nach und nach die Kuvertüre unterrühren (Eigelbschaum und die aufgelöste Kuvertüre sollten dabei etwa die gleiche lauwarme Temperatur haben). Vom Wasserbad nehmen und kalt schlagen.
4. Das Eiweiß und die restliche Sahne getrennt steif schlagen. Erst die Sahne, dann den Eischnee locker unter die Schokoladenmasse ziehen. In Dessertgläser oder eine große Schüssel umfüllen und etwa 2 Stunden ruhen lassen.

Pro Portion etwa: 540 kcal, 38 g Kohlenhydrate, 10 g Eiweiß, 38 g Fett

Nicht gerade die ideale Fußballer-Kost, aber einfach unschlagbar auf der Beliebtheitsskala.

Flambierte Früchte

Zutaten für 4 Personen

2 Orangen
2 Bananen
2 EL Butter
4 EL Grand Marnier
50 g Zucker
Saft von 1 Limette
2 EL geröstete Mandelsplitter
4 Kugeln Schokoladeneis

1. Die Orangen sorgfältig schälen, dabei die weiße Außenhaut vollständig entfernen. Die Fruchtsegmente zwischen den Trennhäutchen herausschneiden.
2. Die Bananen schälen und der Länge nach halbieren.
3. Die Butter in einer breiten Pfanne aufschäumen lassen, die Bananenhälften darin von beiden Seiten goldbraun anbraten. Grand Marnier darübergießen, erwärmen und anzünden.
4. Die Bananen aus der Pfanne nehmen und warm stellen. Den Zucker in die Pfanne geben und leicht karamelisieren lassen, mit dem Limettensaft ablöschen. Die Orangenfilets dazugeben und kurz erhitzen, dann auch die Bananen wieder dazugeben und kurz in der Karamelsauce wenden.
5. Die Bananen vorsichtig auf Teller legen, Orangenfilets und die Sauce gleichmäßig um die Bananen herum verteilen. Mit Mandelsplittern garnieren und mit Schokoladeneis sofort servieren.

Pro Portion etwa: 460 kcal, 65 g Kohlenhydrate, 6 g Eiweiß, 16 g Fett

Das wunderbare Zusammenspiel von heißen Früchten und dem Schokoladeneis liefert viele fußballergerechte Kohlenhydrate, dazu aber auch eine Menge an Vitaminen und Mineralstoffen. Wichtig ist jedoch: die Früchte erst kurz vor dem Servieren zubereiten.

Kaiserschmarren mit Äpfeln

Zutaten für 4 Personen

6 Eier (getrennt)
160 g Mehl
70 g Puderzucker
$^1/_4$ l Milch
2 Äpfel
60 g Rosinen
60 g Butter

1. Die Eigelb mit dem Mehl, 60 g Puderzucker und der Milch zu einem Teig verrühren. Das Eiweiß steif schlagen und vorsichtig unter den Teig ziehen.
2. Die Äpfel schälen, vierteln, entkernen und in feine Scheiben schneiden, mit den Rosinen mischen.
3. Jeweils etwas Butter in zwei beschichteten Pfannen heiß werden lassen. Jeweils die Hälfte des Teiges hineingeben und auf der Unterseite goldbraun werden lassen.
4. Die Apfel-Rosinen-Mischung darüberstreuen, den Schmarren wenden und bei mäßiger Hitze fertigbacken.
5. Mit 2 Gabeln in mittelgroße Stücke reißen und anrichten. Den restlichen Puderzucker darübersieben.

Pro Portion etwa: 560 kcal, 65 g Kohlenhydrate, 18 g Eiweiß, 24 g Fett

Der Kaiserschmarren liefert viele Kohlenhydrate, leider kommt aber beim Backen reichlich Fett hinzu. Damit sich die Fettmenge in Grenzen hält, unbedingt beschichtete Pfannen verwenden.
Den Gehalt an Ballaststoffen und sonstigen wertvollen Inhaltsstoffen können Sie deutlich erhöhen, wenn Sie Vollkornmehl verwenden. Oder probieren Sie einmal Weizenmehl mit der Typenzahl 1050, das inzwischen in vielen Supermärkten angeboten wird. Dieses Mehl ist wertvoller als das gewohnte weiße Weizenmehl, schmeckt jedoch nicht so kräftig wie Vollkornmehl. Ein guter Kompromiß.

Bratäpfel mit Vanilleeis

Zutaten für 4 Personen

30 g Rosinen
2 EL Zucker
4 EL Rum
4 säuerliche Äpfel
30 g gehackte Walnüsse
1 TL Zimtpulver
2–3 EL Butter
4 Kugeln Vanilleeis

1. Die Rosinen in einem Sieb heiß abbrausen und gut abtropfen lassen. In eine Tasse geben und darin mit dem Zucker und dem Rum vermengen. Etwa 30 Minuten marinieren.

2. Den Backofen auf 225° C vorheizen. Die Äpfel waschen und die Kerngehäuse ausstechen. Die Äpfel in eine feuerfeste Form setzen.

3. Die Rosinen mit den gehackten Nüssen und Zimt mischen und in die Apfelöffnungen drücken. Auf jeden Apfel etwas Butter geben.

4. Die Äpfel im Ofen etwa 30 Minuten backen, bis sie gut weich sind. Zusammen mit Vanilleeis servieren.

Pro Portion etwa: 290 kcal, 33 g Kohlenhydrate, 2 g Eiweiß, 15 g Fett

Walnüsse sorgen bei diesen Bratäpfeln nicht nur für Biß, sie liefern zudem viel Zink (läßt Wunden besser heilen), Kalium (wichtig für Muskeln, Wasserhaushalt und Kohlenhydratspeicher) und weitere Mineralstoffe und Vitamine. Dazu steckt in den Nüssen auch wertvolles Fett.
Walnüsse stets frisch kaufen, sie schimmeln schnell oder werden ranzig.

Apfelküchle

Zutaten für 4 Personen

3 EL Mehl
1 Prise Salz
2 Eier (getrennt)
2 EL Zucker
100 ml Bier
4 säuerliche Äpfel
Öl zum Ausbacken
1–2 TL Zimtpulver

1. Das Mehl mit Salz, Eigelb, ½ EL Zucker und dem Bier zu einem glatten Teig verrühren. Das Eiweiß steif schlagen und locker unterheben.
2. Die Äpfel schälen und die Kerngehäuse ausstechen. Die Äpfel in Scheiben schneiden, portionsweise durch den Bierteig ziehen und in heißem Öl (etwa 180°C) rundherum goldgelb backen.
3. Fertige Küchle aus dem Öl heben und auf Küchenpapier gut abtropfen lassen. Auf einem breiten Teller den restlichen Zucker mit dem Zimt mischen, die Küchle darin wenden.
Dazu Vanillesauce, Weinschaumsauce oder auch Eis servieren.

Pro Portion etwa: 220 kcal, 33 g Kohlenhydrate, 6 g Eiweiß, 6 g Fett

Unbedingt ein hoch erhitzbares Fett zum Ausbacken verwenden, damit keine gesundheitsschädlichen Stoffe entstehen. Gut eignen sich die speziell dafür gekennzeichneten Fritieröle, aber auch andere einfache Öle wie Sojaöl. Nicht geeignet sind hingegen alle kaltgepreßten Öle, und mit Butter oder Margarine sollten Sie niemals fritieren. Diese Fette werden nicht heiß genug, ohne zu verbrennen.
Für eine Weinschaumsauce 4 Eigelb zusammen mit 100 g Zucker hellcremig schlagen. Die Schüssel auf ein warmes Wasserbad stellen, ⅛ l trockenen Weißwein dazugießen und alles mit einem Schneebesen oder den Quirlen des Handrührgeräts schaumig aufschlagen.

Multivitamin-Nougat-Mix

Zutaten für 1 Person

¼ l Multivitaminsaft
1 EL Nutella
1 Orangenscheibe
2 Cocktailkirschen
1 Minzeblatt

1. Den Multivitaminsaft und die möglichst weiche Nutella mit einem Mix- oder Pürierstab kurz mixen.
2. In ein Glas gießen und mit einer Orangenscheibe, Cocktailkirschen und Minze garnieren.

Pro Portion etwa: 210 kcal, 39 g Kohlenhydrate, 4 g Eiweiß, 3 g Fett

Den Rand des Glases mit etwas Zitronensaft anfeuchten und in Zucker drücken.

Bananen-Nougat-Shake

Zutaten für 1 Person

1 Banane
200 ml kalte Milch
2 EL Nutella
etwas Zitronensaft
Kokosraspel

1. Die Banane schälen, etwas kleinschneiden und zusammen mit Milch und Nutella in einen Mixbecher geben. Kurz mit einem Mix- oder Pürierstab durchmixen.
2. Den Rand des Glases mit etwas Zitronensaft anfeuchten und in die Kokosraspel drücken. Den Shake in das Glas umfüllen und möglichst kühl servieren.

Pro Portion etwa: 440 kcal, 80 g Kohlenhydrate, 13 g Eiweiß, 6 g Fett

Sachregister

Rezeptregister

BILDNACHWEIS

Bilderdienst Süddeutscher Verlag: 12, 14/15 Hintergrund
Deutscher Fußball-Bund: 13
Hartung, Ferdi: 12/13 Hintergrund
Haselhoff, Alexander: Umschlagvorderseite, Vorsatz, 6/7 Hintergrund, 8/9 Hintergrund, 19, 20, 21, 22/23, 29 oben, 26, 31 oben, 33 oben, 34, 37 unten rechts, 41 oben, 55, 77, 97, 113, 127, 147, 165, 183, Nachsatz, Umschlagrückseite unten
Pfeil-Photo-Köln: 10/11 Hintergrund
Pressebilderdienst Horst Müller: 10/11
Rauchensteiner Hans: 15
Schulz, Christian R.: 4/5, 6/7, 28, 37, 38/39, 41 unten rechts, 52/53, 74/75, 94/95, 96, 110/111, 124/125, 144/145, 162/163, 180/181, alle Rezeptfotos, Umschlagrückseite Mitte rechts
StockFood/Arras, Klaus: 24 unten, 31 unten
StockFood/Brauner, Michael: 41 unten links
StookFood/Eising, Susie: 24/25 Hintergrund, 76
StockFood/Eising, Susie & Pete: 24 oben, 25 Mitte, 25 unten, 27 links, 31 Mitte, 35 links, 36, Umschlagrückseite Mitte links
StockFood/Harder, Maria: 27 rechts, 30, 32, 35 rechts, 40, 112, 126, 146, 164, 182, Umschlagrückseite oben rechts
StockFood/Rosenfeld Images LTD: 24 Mitte, 29 unten, 54, Umschlagrückseite oben links
StockFood/Studio Bonisolli: 41 unten Mitte
StockFood/Schieren, Bodo A.: 16/17, 25 oben, 33 unten, Umschlagrückseite oben Mitte
StockFood/Studio Eising: 18 links
StockFood/Westermann, Jan-Peter: 18/19
Werner W. Wille: 14
teutopress: 9